智·慧·爱
Sapientiae et Cordi

了解和爱，终将成就一切！

滋养孩子内在生命的成长

[美] 琳达·兰提尔瑞（Linda Lantieri）著
丹尼尔·戈尔曼（Daniel Goleman）作序/练习指导
方菁 译

帮助孩子觉察和管理情绪

华夏出版社
HUAXIA PUBLISHING HOUSE

图书在版编目（CIP）数据

滋养孩子内在生命的成长/（美）兰提尔瑞著；方菁译．—北京：华夏出版社，2016.1

书名原文：Building Emotional Intelligence

ISBN 978-7-5080-8630-9

Ⅰ.①滋… Ⅱ.①兰… ②方… Ⅲ.①家庭教育 Ⅳ.① G78

中国版本图书馆 CIP 数据核字（2015）第 244719 号

Copyright ©2008, 2014 Linda Lantieri.©2008, 2014 by Daniel Goleman 发行译本的独家许可来自 Sounds True 公司通过北京 GW 文化传媒公司。
版权所有，翻印必究。
北京市版权局著作权合同登记号：图字 01-2015-5541

滋养孩子内在生命的成长

作　者	〔美〕琳达·兰提尔瑞 著　〔美〕丹尼尔·戈尔曼 作序 / 练习指导	
译　者	方　菁	
责任编辑	王凤梅	
责任印制	刘　洋	

出版发行	华夏出版社	
经　销	新华书店	
印　刷	三河市少明印务有限公司	
装　订	三河市少明印务有限公司	
版　次	2016 年 1 月北京第 1 版　2016 年 1 月北京第 1 次印刷	
开　本	670×970　1/16	
印　张	11.75	
字　数	100 千字	
定　价	39.00 元	

华夏出版社　地址：北京市东直门外香河园北里 4 号　邮编：100028
网址：http://www.hxph.com.cn　电话：（010）64663331（转）
若发现本版图书有印装质量问题，请与我社营销中心联系调换。

谨以此书献给我的母亲，她用丰富的人生体验教我如何保持平静并获得内心的力量。母亲，如果您看到这本书出版，一定会很欣慰，因为通过它，您教给我的那些练习可以惠及更多家庭。

琳达·兰提尔瑞

推荐序

情商就是"爱"

一个阳光和煦的春日下午，我坐在阳台上回复邮件，一盏红茶、几颗红枣氤氲出的美妙心境瞬间被一封员工的邮件打破了。几个小时前，我布置了一个小小的工作任务给入职我工作室不久的小编辑，任务有多小呢？大概会花上她10分钟来完成吧，不过我还是很礼貌地在邮件里加了一句"辛苦你啦，谢谢！"。然后她的邮件"腾"地回复了过来"好的，还好你理解！"咦？什么情况？作为老板，我原本好生生地向员工道声"辛苦"，却得到这样的回复，这没头没脑的话令我哭笑不得。

作为一名心理咨询师，职业本能促使我透过现象看本质，联想起这位90后员工平时的举动，她这样的回复也真不奇怪。姑娘22岁，北京人，从小就是家里的掌上明珠，16岁时由于对老师不满就退学选择了在家里自学，到了19岁，看别人都上大学了她才心慌，于是选择到一个离家千里的边陲小镇上一座名不见经传的高校读书，理由是"我还没观过世界就别跟我谈世界观"。之后她对老师不满意，又选择退学了。这样一个活得"很任性"

的姑娘自从来了我的工作室，就被同事们私下评价为灵气有余、情商不足，但其实她的父母可都是大学教授。好吧，我暗下决心，要好好培养一下这个有点看似"不懂事儿"的姑娘，我实在不希望她因为"情商不够"而失去工作的机会，我想她需要更多的提醒。

情商和学历无关，和财富地位都无关，甚至和智商无关，那么情商到底是什么？它又到底和什么有关呢？

我认为，情商是一种爱的能力。

爱如同氧气，人人都需要。但很遗憾，爱的能力并非人人具备。有些人仿佛就是只会制造二氧化碳的"缺氧"动物，从不知给予，只有索取，有时甚至是通过不断地，毫无原则、没有节制地忍让和付出来索取，只为了让对方能"留下"，他们过度的"爱"成了一种控制。而控制欲强的人，一定处处表现出强烈的、缺乏安全感的紧张和焦虑，他们时而荒腔走板，时而歇斯底里的状态让人不知该如何跟他们相处。

心理学家米尔曾提出"储爱槽"理论，他认为每个人内心都有一个储爱槽，假如你是一名新生儿，在你的内心深处有一个心形的储爱槽。如果这个储爱槽有刻度的话，一开始其刻度几近于零。随着时间的流逝，你的父母不断地将爱从他们的储爱槽添加到你的储爱槽里。在你成年离开了原生家庭时,你的储爱槽也被注满了爱。就这样,在健康的家庭里,爱是一代又一代,代代相传的。但是万一父母当中有一方不能给予孩子所需的爱,这个孩子的储爱槽的爱就少了。比如经常争吵的父母就不能及时向孩子的储爱槽补充爱。不但如此,还可能发生储爱槽倒流现象。因为夫妻冲突后往往留下悲伤的情景,父母中的一方很可能为满足自己受伤的情感需要,不自觉地向孩子寻求支持,从孩子那少得可怜的储爱槽里汲取爱,这样会使孩子的储爱槽更加空乏。

在不幸的家庭中长大的孩子,储爱槽处于枯竭状态,他们会寻求另一种东西来填满心中的缺失。这种东西可能是金钱,可能是酒,也可能是一个人,统一的表现是"沉溺"。他们可能沉溺于罗曼蒂克的爱情,那种感觉和沉溺于赌博简直一模一样。不幸的童年造成了他们"沉溺"的心理疾病,成年后则造成了他们婚姻的不幸。

一个在关系中"沉溺"的人,一个缺乏爱的能力却强烈渴望爱的人常常对他人的感受麻木而不自知,正如他们对自己的麻木。他们常表现得缺乏同理心,共情能力也相当匮乏。这样一个"缺爱"的人,长期处于"非理性"状态,是很难有"情商"所需要的感同身受、设身处地、控制负面情绪和处理纠结矛盾等能力的。

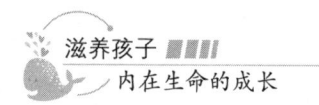

《滋养孩子内在生命的成长》的作者通过贯穿全篇的提醒告诉读者——原生家庭对孩子情商的塑造是多么地重要，亲子关系的质量也决定着一个孩子情商的高下。

最后不得不提到，本书译者方菁是我通过一个微信群认识的，我们因有共同的爱好而从线上走到了线下。我永远记得她第一次出现在我工作的中央台大门前的样子：卡其色的长风衣、丝丝柔柔的卷发和温润的笑脸，无论是探讨业务还是诉说家常，她总呈现着春风十里的恬淡。如今再来看她精心译制的这本有关培养情商的专著，我深深相信，一个懂得爱的人，才能奉献出这样充满人性之美的好作品。

希望您耐心读，因为，这字里行间都带着爱。

青音

2015年6月24日于大雨前的北京

关于青音

中央人民广播电台情感节目主持人、CCTV特约心理专家、中国心理卫生协会会员、北京市社工委"润心工程"心理专家组成员、专栏和畅销书作家。曾获得"2010全国播音主持金话筒特别提名奖"和"2011全国播音主持金话筒奖主持人奖"。

译者序

睁开双眼，向内看
方　菁

曾经有一位智者说："在这个苍茫的世界上，只有中国人和犹太人睁着两只眼睛生活。他们用一只眼睛看世界，用另一只眼睛来看自己。"我们的祖先正是用这智慧的双眼创造了四大发明，让我们的物质世界有了巨大改变；同时，也留下了无数灿烂的诗篇，慰藉、润泽着我们的精神世界，提供给我们无尽的养分。

在过去几百年，工业社会的机器化大生产让人类产生许多错觉，并盲目地夸大了自身的能力。我们沉浸在五光十色的感官体验中，置身于极其丰富的物质海洋中，渐渐地，我们悄悄地闭上了另一只眼睛，切断了和自我联结的通道；我们内心的声音也一点点地变微弱，直至最后完全听不到。

我们就此真的幸福了吗？让人吃惊的数据显示，在世界范围内，过去50年患有身心疾病及精神障碍的患者剧增。① 在中国，

---

① 20世纪80年代以来，中国精神疾病的患病率呈明显上升趋势，目前，重性精神病的患病率为13.47‰，病人总数为1600万，其中精神分裂症高居首位，约为600万。（参见2004年卫生部数据）

滋养孩子
内在生命的成长

改革开放30多年以来，中国人的幸福度增长与火箭般的GDP增长速度不相匹配，甚至在某种程度上，呈现出此消彼长的现象。传统道德价值与信仰在野蛮的城市化进程面前，以"日拆一城"的速度土崩瓦解，空留下巨大的回响和苍凉的废墟。四处崛起的高楼大厦下面不是稳稳的地基，而是潜伏着的各种危机。各种不安全事件时不时拉响警报，雾霾、食品安全和社会治安事件层出不穷，不断地刺激着现代人脆弱的神经，蚕食着我们孱弱的心灵。我们花更多时间研究，发明更多工具和设备来对抗这些危机，企图让自己获得安全感。然后，我们进入一个怪圈：一边创造更丰富的外在世界，一边感受内在日渐干涸，周而复始，循环往复。被我们忽视的甚至遗弃的精神世界，我们真的不需要它吗？它真的没有价值吗？我们挤破脑袋，争先恐后地向外伸手，却遗忘了最大的资源——我们的内在生命。

事实恰恰相反，正是那些不可被定价、不可被评估的内在资源——譬如明白"我是谁"、探索"我要去哪里"，又譬如生命中的勇气、信心、坚持，以及对亲人、爱人和朋友无条件的接纳和爱——才创造了独一无二、幸福的内在世界。在这个世界里，并没有别人，只有你自己。只要你愿意启动这份资源，关注它的发生，供给它阳光和雨露，内里的生物就会和谐成长；如果你忽视它的存在，甚至囚禁它，关闭它，那么你的内心世界也会渐渐满目疮痍，寸草不生。所以，是我们创造了自己的天堂或地狱。同样，感受天堂的幸福或地狱的痛苦的主体，只有我们自己——和内心相处只有我们自己。

翻译本书时我正经历着人生的一场洗礼——从20岁跨越到30岁。这让我对过往记忆中的20年做了总结。我试着慢慢收拢自己，把所有思绪、想法和经历圈圈在"后院"里，不让它们像脱缰的野马奔突在草原。同时，我尝试着用瑜伽体式和冥想带自己走进一个"无他"的世界，沉浸在内心的世界里，一遍遍擦拭着心灵上的尘土。"渭城朝雨浥轻尘，客舍青青柳色新"这诗句浮上心头，它描述的绝不仅是眼前的景色，更是内心的风景。心灵被轻轻细雨润泽之后，才能看到更清澈的自己，才能看到青翠的生命本质。

琳达·兰提尔瑞在书中提到的"一根针"的声音，估计我们大多数人已经许久没有听到过了。科技的进步让我们习惯了用手机记录生活，抒发感情，冷落了文学，同时也屏蔽了宁静的声音。我们越来越难专注，患上越来越多的"现代病"，例如时不时要拿手机看一下，一进家门就迅速打开电视，24小时挂在网络上，让各种声音、噪音和背景音充斥在我们的世界里。在这些行为的挤压下，那个内在的生命越来越微小，越来越难发出声音并日渐枯萎。

是时候让内在的生命苏醒并恢复活力了。如何做到"让内心

强大""充满正能量"?我们首先需要做的是关掉太过喧嚣的外在声音。让我们试着安静下来,聆听到自己内心的声音,与自己的身体、灵魂对话。

作为培训师,我曾经培训过一群正值青春期、准备参加高考的孩子。在离高考还有100天的时间里,他们变得紧张、焦灼,常常毫无理由地又自信又自卑,心情则随着复习进度起起伏伏。我们让那些孩子排成若干个队列,闭上眼睛,戴上眼罩,安静地行走。每队只有最后一个同学可以看路,其他队员只能默默地向前走,大家用手势来传递信号。刚开始,同学们经常出现"撞车"或"掉队"现象。十分钟、半个小时、一个小时过去了,大家保持安静,不停地走着。奇迹出现了,每队开始拥有惊人一致的步伐,找到了属于他们的频率。我在一旁默默地观察到这个安静的磁场:每个队伍有自己独特的行走轨迹,不再有任何冲突,仿佛每个人都能看到路一样。每个人都能安静地听到自己的声音,大家放下了焦虑、紧张和不安,而用信任、希望和信心联结彼此。后来,他们告诉我"从来没有这么平静过""感受到了一股淡定的力量""可以接收到全队人走路的频率"……是的,这就是平静的力量,它是我们内心的希望之泉。

因此,让我们也抽一点时间和自己相处。关掉一切声音,只聆听自己,看看你的内在生命告诉你什么。我们可以不戴眼罩,不用行走，没有任何时间和地点限制，用本书推荐的"身体扫描"法，觉察内里积攒的紧张、压力、担心和恐惧。让我们看到它们，而非忽视和抵抗。要知道去除黑暗，并不是消灭它的存在，而是让光照到它、温暖它。这束驱散黑暗的光就是有意识地觉察身体和内心。你一旦启动了它，那些黑暗就慢慢消融了，被驱散了。同样，要找到自己的使命，生命的方向也是一样。让我们像去掉杂音和噪音那样，不是去关闭它，而是找到主旋律，用更洪亮的声音将它包容在一起，变成更浑厚的交响曲。随着与自己对话的深入，你也能更深刻地探索自己，找到那个属于你的独特的无可替代的旋律。

本书还提到了一种独特的生存状态——"静观"，这也是我尤为推崇并向大家推荐的。"静观"意味着不加评判，客观地沉浸在当下。胡因梦女士提出了一种让人非常向往的意境——"活在世上，却不属于它"。这在我看来，就是"静观"的最佳状态，也是佛家所说的"禅定"或"抵达三摩地"。要达到这种状态，不仅需要我们安静，更需要换转思维方式，从另一个更客观的角度看待自己，看到新世界，这其实是有些难度的。

牛顿在他的巨作《自然哲学的数学原理》中定义惯性："惯性是物质固有的力，是一种抵抗的现象，它存在于每一物体当中，大小与该物体相当，并尽量使其保持现有的状态，不论是静

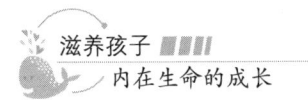

止状态,或是匀速直线运动状态。"在我们有形的世界里,惯性存在于一切物体中。同样,在无形世界里,譬如思维,也具有这一特性。我们主观地生活了多年,给自己无数定义,制定无数界限,加之他人的评价、社会的身份,让我们的自我被包裹得过于严实。突破层层束缚、观察周遭的世界是需要一点时间和训练的。我们需要让意识的羊群轻轻地来,轻轻地去;心无旁骛地听、闻、品尝和感受,重新启动知觉;把我们世界的主客观置换一下,短暂地忘掉自己,才能更好地享受当下,迎接崭新的自己。当我们变成自己生活的旁观者,成为这个世界的局外人,我们会看到那些被忽略的生活细节,发现值得我们珍视的感情,发现值得我们尊重的规律,也发现一个焕然一新的自己。这段旅程不需要买机票,也不需要订酒店,只需要花点时间,从日常生活中抽身而出,换个视角看看自己,换个心态做做那些常规的事。

我知道大家打开这本书的初衷是期待它能指导自己培养孩子的情商。的确,这是本书作者的初衷和目标,也同样是我们努力翻译、精心设计它的原因。而事实上,它也是为你准备的。我们真诚地希望你自己先练习,获得独特的体验,再惠及你的孩子。通过练习,我们把自己归零,和孩子一样,唤醒内在的生命,进行探索和积蓄内在力量的旅程。虽然它仅仅是一次身体的放松练习,仅仅是聆听一段轻音乐,仅仅是一个故事,但都值得我们打开心扉,当作一次生命与生命的交流。拥有这份真诚,无论是孩子还是我们自己，都会从这段旅程中收获意想不到的惊喜。

同样，生命是个人体验，没有绝对的适用性，所以我想与你分享以下两点想法，从我们自己的角度和孩子的角度。

一、一切从自己开始

在教育这件事情上，我们比孩子只多了知识和技能层面上的积累；在内心的丰富和细腻程度上，孩子才是我们的老师。所以，请先别着急将方法使用在孩子身上，而是先让自己退回到孩童状态，一点点放松、平静，拥有更好的情绪控制和管理能力，也让我们重新回到孩提时代的单纯、好奇和无忧无虑。只有理解了自己的成长，才能达到与正在成长的孩子同频。

到某一天，你能快速、清晰地洞察自己的负面情绪，并能关照到它时；到你洞察到自己对人对事的快速判断可能不靠谱，愿意推翻自己的判断并重来时；到你不再陷入"忙"（心亡），天天疲于奔波，而是停下来，饶有兴致地欣赏最普通的街景时……那一天，就是你和孩子开启这段"安静时光"的最佳时刻。你准备好了吗？

二、孩子是一个独立的生命个体

世界上唯有一种爱是"逐渐放手"，那就是无私的父母的爱。从孩子呱呱坠地到独立成人，父母在他的生命里是逐渐后退的。

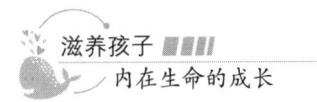

从回忆我们与父母的关系开始,画出孩子和父母的关系的整个动态图谱:从出生开始,父母一丝不苟地提供照顾,与孩子发展一段良好的依恋关系,让孩子获得足够的安全感,抒写阳光的生命底色;在幼年时期,帮助孩子获得基本的生活技能,以言传身教影响着孩子;在青少年时,作为人格塑造的工程师和抚平情绪的按摩师,帮助孩子度过"过山车"一样的青春期。最后,父母安静地看着孩子追逐梦想,成就事业,成立家庭。因而,孩子成长的路径是"向前",父母爱的方式是"向后"。如果我们太希望这个生命能超越自己,就会在此过程中不断"向前进",反而让孩子得不到自己的发展空间,父母还觉得使了许多劲却没有效果。本书中的练习恰恰是让我们改变使劲的方向,尝试用"退一步"的方式成为更好的父母。因此,在你的孩子不愿意尝试、有不同意见的时候,请给他们自行运转的小宇宙一点时间和空间。因为,每个孩子都是一个独立的生命个体。

最后,任何时候请不要说"太晚了,来不及了"。永远没有太晚,无论是对孩子还是对我们自己。每一次学习和成长都来得刚刚好,每一个挫折和困难都为我们提供了必须要做的功课。世界上没有迟到的礼物,也没有已经打开的礼物。像本书一样,这份礼物在等待开启——打开后,愿书中的文字和声音伴你开启这段旅程。

现在,让我们睁开双眼,向内看。

推荐序

帮助孩子建立安全的内心庇护所
丹尼尔·戈尔曼

最近,我和一位母亲讨论了她女儿在学校的表现,她说:"我女儿擅长数学,英语也不错,但是最为突出的一点是我觉得她拥有很高的情商。"

这是不久前的一场对话。如果没有这些年的努力,我想这样的谈话绝不可能发生。1993年,我、琳达·兰提尔瑞以及其他志同道合的朋友一起组建了"促进社会情绪能力学习合作组织"(CASEL)。当时只有少数项目能称得上是真正的"社交和情绪学习"(SEL)。这样的项目设有系统的情商课堂教学,运用于标准的全日制的学生课程中。其中包括以下课程:提高学生的自我意识和自信心、管理负面情绪和冲动,提高共情能力与合作意识。

琳达是其中一个项目的关键人物。她提出"创新解决冲突"模式,卓有成效地降低了校园暴力的发生率。实践了"社交和情绪学习"课程的学校能够有效应对诸如青少年吸烟嗜酒、中途退学和未成年意外怀孕等青少年的常见问题。于是,W.T.甘特基金

会委任给项目组一项课题,即研究影响青少年"社交和情绪"技能发展的关键因素。

我和琳达合作多年,到现在,"社交和情绪学习"已经传播到世界各地成千上万的校园,并且发挥着持续的影响力。这种影响力与我出版的一本名为《情商1:为什么情商比智商更重要》(1995年出版)的书有关。在书中,我建议为了更好地建造孩子们的生命,学校不应只安排基础知识课程,还应该把"社交和情绪管理"加入到课程安排中。在人的一生中,我们应该不断增强自我意识,管理压力和消极情绪,提高与他人共情的能力以及学会处理人际关系。这些能力都是非常重要的,并且都需要在童年时期打下基础。

大脑科学的研究成果告诉我们,孩子的大脑发育很快,直到25岁左右才停止。有一个被科学家称作"神经可塑性"的名词,意思是大脑神经网络的形成很大程度上依赖于每天成长体验的积累。由此看出,外界环境对大脑发育的影响非常明显,特别对于塑造"社交和情绪"神经网络意义重大。如果孩子被父母养育呵护得很好,并且在沮丧时使用父母教给他们的平静意识的方法,那么他们大脑神经网络管理压力的能力就会发育得更好。相反,那些被父母忽视的孩子则更有可能会出现叛逆和反抗的情绪。他们在沮丧时很难平静下来,并且无法管理负面情绪。如果我们成年人能给予孩子足够的安全感,那么他们的大脑将在好的环境中充分地发育。如果我们成人为孩子建立一个安全的内心庇护所，那么他们就能够善于探索，勇于冒险，敢于接受新事物。同时，孩子们也能够用更好的方法来调整焦虑情绪。随着这个内心庇护所慢慢内化，孩子能充分且全面发挥自身潜力。

为了保证每一个孩子都能收获最好的心灵培训课程，我们应该让这些课程成为家庭生活和学校生活的一部分。在我和琳达寻找"促进社会情绪能力学习合作组织"合作成员时，芝加哥伊立诺斯大学的一个组织已经开始制定"社交和情绪学习"标准，并着手在世界范围的学校中推广这个项目。的确，对学校来说，最好的"社交和情绪学习"项目，应该依据学校课程的具体情况，以及学生不同的年龄段，进行合理安排。

"社交和情绪学习"是否真的对孩子有作用？通过对上百名接受过和没接受过课程培训的学生进行精确的对比分析后，我们找到了答案。数据显示，接受过"社交和情绪学习"培训的学生在校内外的表现发生了显著变化。他们不仅掌握了平静意识的方法，而且人际关系也得到改善，学习效率也提高了，比没接受过课程培训的学生提高了大约14%。[1] 由此可见，帮助孩子们管理

---

[1] 参见R.P维斯博格（R.P.Weissberg）和J.A.杜尔拉克（J.A.Durlak）等合著的《通过加强社交和情绪学习达到学校学习的成功：后期的分析和建议》，2007年。

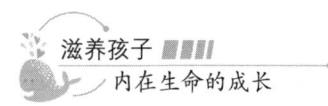

情绪和改善人际关系可以让他们学得更好。

如果我们了解"社交和情绪学习"对开发大脑神经网络的影响，就会发现，帮助孩子处理内心世界和人际关系可以提高学习能力。人类大脑中有一个区域叫作前额皮质，是大脑的指令执行中心，它主要受童年的体验影响。这个区域控制的神经网络可以抑制破坏性的情感冲动，帮助集中精力，提高专注力。如果孩子处于焦虑中，他就没有太多的精力去学习、解决问题以及掌握新知识。比如，一个孩子因为一次突然的考试恐慌不已，那么在他脑子里留下的印象会是当时的恐慌反应，而不是考试的具体细节。因此，精神过分紧张对学习十分不利。科学家认为：提高注意力和记忆力，摆脱思想的冲突和痛苦，可以让孩子的思维处在学习的最佳状态。那么，提高孩子的社交能力和情商对于学习的作用也是一样的。

琳达是推动"社交和情绪学习"课程走进世界各地的校园的带头人。当前，她正面临着教育界的一个重大挑战：怎样让经历过像"9·11事件"那样重创的孩子们恢复活力，怎样让他们摆脱精神创伤，重新回到正常的学习和生活轨道上。琳达深入前世贸大厦附近的学校，与孩子们一起活动、体验，最终开发出一套帮助所有孩子"放松身体，平静意识"和"集中注意力：静观"的课程。

孩子们不仅在学校运用这些技巧，这也会对他们未来有帮助。尽管家长和老师不厌其烦地告诫孩子"要冷静""要专心"，但根据孩子成长的自然规律，与"平静"和"专注"相关的大脑神经网络的发展需要循序渐进。因此，我们要一路陪伴并帮助他们，为他们提供系统的学习，来加强他们成长发育中的各种能力，而不是急于求成。这也正是琳达在纽约市各大学校的课程中所做的。

当琳达问我是否愿意为指导练习做示范讲解时，我欣然接受，我很荣幸能参与到这项突破性的项目中，并做讲解配音。同时，我也期待着本书和配音会让更多孩子和家长终身受益。

本书指南

自 2001 年"9·11"事件发生后,我参与培训老师和孩子"放松身体,平静意识"的项目中来,帮助成千上万的孩子有效觉察和管理情绪。作为"抗逆力项目"的发起人和负责人,我发现,如果有能力控制想法和情绪,我们的身体就能构建内在的安全屏障,更好地保护自己,更从容地迎接生命的挑战和机遇。

本书为你和孩子提供了实用的建议和策略,通过定期共享"安静时光",认识平静安宁的价值,你们可以更好地进行压力管理。同时,本书也是一个为家庭制订新的计划表的机会,帮你把平衡、充实和安宁的感觉带进日常生活。帕特斯·托马斯在她的著作《放松的力量》中,将与孩子共度的宁静时刻特别命名为"心灵时刻"。我们也可以和孩子一起为这个时刻起个特别的名字。

更为重要的是,我们可以把"心灵时刻"当作家庭生活的一部分。然后,用本书配套的音乐①和材料,滋养你和孩子的内在

---

① 请扫描本书配套的二维码,关注后下载相关音乐。——编者注

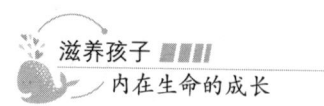

生命，积蓄内在力量，提高情商。

根据孩子的不同年龄，本书也提供了不同的培养路径。例如，对于年龄尚小的孩子，他们有大量的内在空间等待被开发，他们也有能力洞察事物表面之下的东西。他们充满了好奇心和敬畏心，能够充满创意地玩耍。他们甚至能看到大人需要花时间预测或者感知的事情，比如可以依据直觉判断要与谁交朋友。然而，在这种特质被忽视或者被否定后，他们的直觉就会慢慢被隐藏和压制。久而久之，孩子就失去了天生的直觉能力。

让人遗憾的是，孩子们经常接收到那些明示或暗示的信号：现实生活中成人并不认可他们非凡的直觉。于是，他们告诉自己不能凭直觉感知事物，也不能与别人共情，因为他们"太不成熟"了。随着不断成长，他们逐渐压制、遗忘并封锁了内在生命的成长。

青春期为孩子提供了重新打开内在生命的机会，然而成年人会习惯忽视或打断孩子的非凡体验。因为我们很少有人在重视内在力量的环境下成长起来，所以当我们希望用重视内在的方法培养下一代时，就更需要找到积极的示范和体验，并从中学习如何运用综合的感官生活。

我建议你在孩子5岁时就开始这样做。这个年龄段的孩子正尝试从父母那里获取暗示：哪些可以去探索，哪些是禁忌。无论哪个年龄段，进行这个练习时父母都需要传递给孩子清晰的信息，那就是我们珍视他们的内在力量。只有定期地练习，才能真正有收获，并受益终生。我们的目标是通过运用这些技能，把宁静和平衡带到生活中。尽管这本书是为家长准备的，但是老师也可以把其中的技巧运用到教学中。书中所有的建议和方法对于校园生活同样适用。

我在本书中精心选择了两种有助于提高孩子内在抗逆力和情商的练习，它们分别是：

放松身体：通过渐进式肌肉放松和身体扫描练习；

平静意识：通过静观练习。

第一章向你介绍定期做"放松身体，平静意识"练习的益处，同时也回顾了本项研究的一些发现和成果。

第二章提供了练习的指导原则，主要介绍家长在练习中的角色，并指导家长创造一个更适合练习的环境。

第三章、第四章和第五章是针对不同年龄段的孩子设置的练习章节，分别是5~7岁、8~11岁和12岁及以上。本书提供的音乐也区分了不同阶段，配合孩子的年龄进行指导。每个章节都包括了在聆听音乐前后，为该年龄段孩子量身定制的练习方法。

最后，第六章总结了可以深入、继续执行的几个步骤，确保孩子未来的可持续发展。

本书的观点和方法并不意味着可以解决孩子所有的教育、行

为和健康问题。但是，它能帮助孩子和成人建立关注内在的习惯，从而减轻压力带给身体的影响，通过练习你可以有以下收获：

- ◆ 提高自我意识和对自我的了解；
- ◆ 更好地放松自我并缓解身体紧张；
- ◆ 提高专注力——决定学习好坏的关键因素之一；
- ◆ 有效应对压力，以更放松的姿态处理压力突袭；
- ◆ 更好地控制自己的想法，获得避免被负面思想操控的能力；
- ◆ 更深入的亲子沟通机会，定期与孩子交流和分享，加强理解，消除隔膜。

当你和孩子定期共度"安静时光"时，希望你能从中受益。你不仅会对自己有新的自我认识，也会对孩子产生更深的理解和认识。用一种与以往不同的方式和孩子相处，你会自觉地把"活在当下"的感受带入生活中的其他方面。希望你会更接纳自己和孩子，更好地应对生活的每一个阶段，享受用心灵养育孩子的过程。

目录
CONTENTS

第一章 为滋养儿童内在生命而准备 … 1
 相关研究成果 … 5
 儿童社会性与情绪的发展 … 13

第二章 儿童放松身体、集中意识练习前的准备 … 17
 指导原则一 推己及人：自行练习平静和放松，
      再带领孩子练习。 … 19
 指导原则二 成为孩子的良师益友 … 20
 指导原则三 孩子的全情参与是获得成效的最佳方法 … 21
 指导原则四 耐心等待学习成果 … 22
 指导原则五 请在开始练习和跟随音乐指导前为
      家庭建立一些新规范和习惯 … 22
  新规范参考之一 用餐时保持片刻安静 … 23
  新规范参考之二 创建家中的"平静角落" … 24
  新规范参考之三 学习"保持平静"活动 … 24
  新规范参考之四 播放让人安静的音乐 … 25
  新规范参考之五 保持平静、安宁的空间 … 26
  新规范参考之六 妥善处理孩子遇到的
        干扰或暴力事件 … 26

新规范参考之七　敬畏大自然，拥抱大自然	27
新规范参考之八　多了解孩子身体的信号	28
新规范参考之九　拥有亲子阅读时间	28
练习结构说明	30
开始练习并持之以恒	31
通读整个练习说明	31
正式进行练习	32
关于"放松身体，平静意识"的两大背景知识	33
关于放松身体	35
关于集中注意力：静观	36

第三章　5~7岁儿童放松身体、集中意识的练习　39

影响5~7岁儿童发展的因素	40
你应该了解的5~7岁儿童	41
练习一　进入放松状态：渐进式肌肉放松	43
聆听音乐之前的准备	43
STEP 1　聆听音乐前的准备	44
STEP 2　可以这样开始	45
STEP 3　共同探讨活动中的感受	46
STEP 4　共同探讨感受到的身体其他部位的改变	46
STEP 5　聆听（本练习是音乐中的曲目1）	48
听完音乐之后的回顾	52
延伸到日常生活中	53
故事分享	54
练习二　集中注意力：静观	56
聆听音乐之前的准备	56
STEP 1　你可以这样开始	58

STEP 2　活动之"侦查员游戏"	58
STEP 3　活动之"专注地品尝食物"	59
STEP 4　聆听（本练习是CD中的曲目2）	61
听完音乐之后的回顾	63
延伸到日常生活中	65
故事分享	66

第四章 8~11岁儿童放松身体、集中意识的练习　69

你应该了解的8~11岁孩子	71
练习一　进入放松状态：渐进式肌肉放松	72
聆听音乐之前的准备	73
STEP 1　聆听音乐之前的准备	74
STEP 2　向孩子解释"对抗、逃避和冻结"反应	78
STEP 3　腹式呼吸法介绍	79
STEP 4　聆听（本练习是音乐中的曲目3）	82
听完音乐之后的回顾	85
延伸到日常生活中	87
故事分享	88
练习二　集中注意力：静观	90
聆听音乐之前的准备	90
STEP 1　你可以这样开始	92
STEP 2　活动之两个小挑战游戏	93
STEP 3　活动之"专注地品尝食物"	95
STEP 4　聆听（本练习是音乐中的曲目4）	96
听完音乐之后的回顾	99
延伸到日常生活中	100
故事分享	101

第五章　12岁及以上儿童放松身体、集中意识的练习　　103

　　你应该了解的12岁以上的孩子　　105

　　练习一　进入放松状态：渐进式肌肉放松　　107

　　　　聆听音乐之前的准备　　108

　　　　STEP 1　你可以这样开始　　109

　　　　STEP 2　向孩子解释"对抗、逃避和冻结"反应　　113

　　　　STEP 3　腹式呼吸法介绍　　115

　　　　STEP 4　聆听（本练习是音乐中的曲目5）　　118

　　　　听完音乐之后的回顾　　124

　　　　延伸到日常生活中　　126

　　练习二　集中注意力：静观　　130

　　　　聆听音乐之前的准备　　131

　　　　STEP 1　你可以这样开始　　132

　　　　STEP 2　活动之两个挑战游戏　　133

　　　　STEP 3　活动之品尝食物　　135

　　　　STEP 4　聆听（本练习是音乐中的曲目6）　　135

　　　　听完音乐之后的回顾　　139

　　　　延伸到日常生活中　　140

　　　　故事分享　　141

第六章　准备好让孩子带领我们走进新生活　　145

　　定期为孩子创造一段"安静时光"　　147

　　我们拥有的机会　　152

第一章
为滋养儿童内在生命而准备

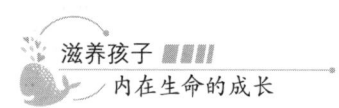

2001年9月11日，在纽约曼哈顿中心的一所学校，没有人能预料在接下来的几个小时内，超过5000名在校学生和200多名老师会面临生命危险。这是开学的第六天，大部分班级已经适应每天的日常学习：大家打开书包，互相问候。实际上，在听到第一声巨响时，大家都没觉得奇怪，因为这是纽约忙碌早晨的常态，老师们正打算开始一天的工作。第二声巨响时，周围的建筑被震动并产生巨大的回响。这时，有人目睹了窗外正在发生的事情。校长和老师们也开始收到支离破碎的信息。上千名学生焦灼地看着大人，大家开始意识到自己正处于一个非同寻常的事件中。

在场的成年人知道，不管怎样，唯一正确的决定就是让自己和孩子们保持冷静。他们把孩子们集中在体育馆或者餐厅，然后把彩笔和纸张发给孩子们，让他们画出在阴霾降临前的景象。孩子们画出了世贸大厦的双子塔，还有他们想象出来的降落在窗户边的小鸟和蝴蝶。

大人们对恐怖袭击事件的进展知之甚少，根本不知道接下来做什么。督导们在一公里外指导着学校的工作人员在通信中断前做各种准备。只是督导们无法想象全校师生经历的事情和所见的场景。在极度的不确定和危险中，大人们做了最后的决定：带领孩子们撤离学校，逃离到更安全的地方去。

一出学校，他们就被黑烟和尘土包围，他们手牵着手奔跑。老师带头唱起了熟悉的圣歌和歌谣，期望能让孩子们从恐怖场景中摆脱出来。很多女教师脱掉了高跟鞋，快速奔跑。后来，一位三年级的老师回忆："我和两个8岁的孩子拉着手，使劲跑，我们飞奔在人流中，我不知道是什么力量让我们在人流中往前冲。两天后，一个孩子对我说：'知道吗，连狗也被吓傻了。'"

尽管当时碎片四溅、混乱嘈杂，处处笼罩着恐怖情绪，所有老师和孩子却奇迹般地毫发无损。那个时刻，对孩子的保护使命激发了老师们的勇气、镇定和内在智慧，并让大家一起成功地渡过难关。孩子们目睹了可怕的场景，经历了漫长艰难的安全转移，有一点是他们坚持的：把所见的任何一幕幕灾难转化成新的意象，例如他们把从双子塔落下来的尸体当作正在飞翔的小鸟。

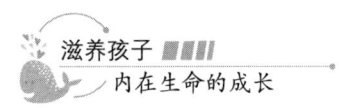

这群师生之所以能勇敢面对灾难,渡过难关,绝不是因为上一次的标准化的考试成绩让他们有多出色,而是因为在那天,在面对人生考验时,他们调动了内在力量,这些储备远远超越了理论和知识层面。校长、老师和学生们能将内在的力量与智慧连接在一起,在身陷险境时依然保持镇静和沉着。正是在那种既平静又警觉的内在状态下,他们才能做出正确的决定,脱离险境。

那天,我和其他人一起在曼哈顿安置点为老师和学生提供支持。一切都让我有更深刻的认识和体会:生命中真正的考验随时会降临在孩子身上,这已超出了成人控制的范围。很多时候,我们没有能力保护孩子,那么问题就转化了:如何让孩子获得自我保护的能力呢?如何帮助他们用内在的力量武装自己,去面对生命中的巨大挑战和机遇?我们能创造一种"生存方式"教育系统来支持身陷风险中的老师和孩子,帮助他们保持镇定平和吗?

我们毋庸置疑老师和孩子们表现出的内在力量,而更为重要的事情发生后,我们应该如何填补他们为之消耗的内在资源呢?现代生活中,积累在孩子身上的压力日益增大,如何协助孩子建立缓解压力的习惯,让他们持续地保持身、心、灵的平和呢?

2002年6月,一个亲历"9·11"恐怖袭击现场的小男孩回忆当年的场景：他的学校距世贸大厦仅一个街区。他望着老师的眼睛，真诚地说："我永远不会忘记那天您牵着我的手，一刻都没有松开。"这让我们这些肩负教育责任的人认识到：在帮助孩子构建起内心安全感之前，我们绝不能松手。这也说明培养孩子内在的生命有多重要，只有这样才能帮助孩子拥有强大的内心，从而迎接未来的挑战。

相关研究成果

如何通过平静练习减轻压力，提高幸福感？

在当今社会，人们无法管理压力的情况越来越突出。调研结果证明，美国社会大约有超过70%~90%的病例与由压力引起的身体失调有关。① 超过10年的研究显示，无法有效排解压力的人比正常人的死亡率高出40%。在遇到生活的挑战时，我们的社会更倾向采纳快速的解决之道，用药物来治疗自己或孩子。据调查，美国每年要消耗价值50亿美元的抗抑郁药物来对抗压力。②

---

① 参见P.J.罗施著的"工作压力：美国承认健康的首要问题"，摘自《美国杂志》，1991年5月。
② 参见H.J.埃克森著的"性格、压力和癌症：预防"，摘自《英国医疗心理学杂志》，1998年第61期，第57~75页。

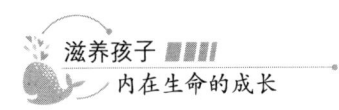

如今孩子们也面临着越来越多的压力。当成人以一种匆忙和狂躁的节奏生活时,他们的孩子也变成这种生活方式的接收终端。社会的方方面面正发生着改变,这些改变以牺牲孩子们的童年为代价,因而增加了孩子的压力。许多家长长时间工作,并把工作带入生活的每时每刻,这让他们的孩子不得不长时间和保姆在一起。与此同时,孩子们越来越早地进入学业教育,也使得学校成为他们生活中巨大的压力源。

现在有太多年轻人正在经历精神疾病和心理障碍,而我们的社会却没有足够的资源提供支持和帮助。据估计,9~17岁的孩子中有近1/5被诊断为精神失调。① 实际上,越来越多的孩子患有"入学恐惧",很多家长也没有从认知和情绪上帮他们做好入学准备。同时教育工作者也需要在资源有限的前提下,尽量满足公众对教育成果的期待。

人们通常将孩子无法应对压力视为不恰当的、需要制止的行为。其实,孩子们只是在受到压力后做出了真实反应,并非故意捣乱,却会受到老师和家长的责备。孩子在受到责备后会产生新的压力,从而形成恶性循环。最终,成人和孩子都会深陷痛苦之中。

---

① 参见 D. 韦恩著的《压力反应》,www.wovenstory.com/wellness,1998 年。

美国儿童民意中心针对引发儿童压力的因素和他们应对压力的方式进行过一项调查，共有875名9~13岁的儿童参与了调查，结果显示，儿童有三大压力源，分别是：成绩、学校及家庭作业（36%），家庭（32%），以及朋友、同伴、八卦与嘲笑（21%），见图1-1。

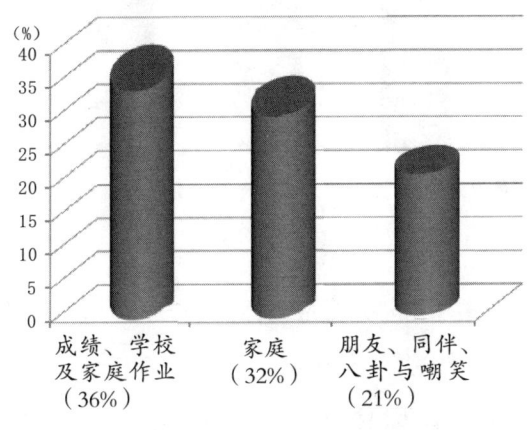

图1-1 儿童的三大压力源

这些压力的应对方式排序为：玩耍或做活动（52%），听音乐（44%），以及看电视或玩电脑游戏（42%），见图1-2。很遗憾，在10种解压方式中，没有本书所提到的冥想。一个好消息是，75%的被调查者表示，当遇到困难时，他们想要和父母在一起。① 因此，本书提供的方法可以帮助你走近孩

---

① 参见D.谢弗和P.费舍尔合著的"儿童NIMH诊断面试安排"，摘自《美国儿童和青少年精神病治疗研究员杂志》，1996年第35期，第865~877页。

子，不仅仅帮助他应对压力，更有助于创造属于你们的高质量的亲子时光。

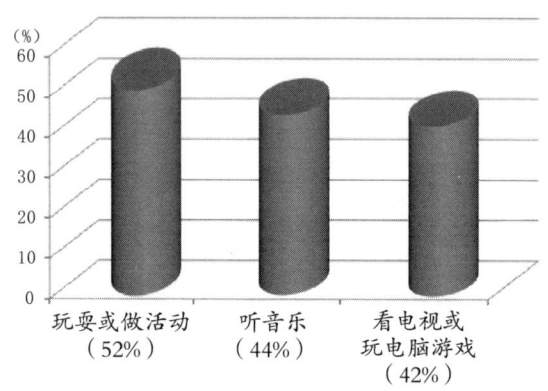

图 1-2　儿童应对压力的方式

现在的孩子拥有和父母不同的童年经历，他们面对的压力是我们之前从未想过的。20世纪70年代，作为一名纽约的小学教师及行政管理人员，我注意到，年轻人的社会性和情绪发展呈现了严重的衰退。在我看来，孩子们更具攻击性，更为叛逆和冲动，也容易悲伤和孤独。实际上，佛蒙特大学的心理学家托马斯·阿亨巴赫证实了我的猜想。他在20世纪70年代中期和80年代后期对上千名儿童进行了调查，开创新的理论证明了这个事实：在对儿童社会性及情绪的问卷分析中，有40项与社会性与情绪问题相关的数据大规模下降，由此可见，美国儿童各个阶层的社会性和情绪发展呈现出衰退的趋势。①

学术界集中研究引发反社会行为的风险因素，将之视为解决儿童社会性和情绪发展衰退的主要问题。近20年来，美国开展了以学校为基础的"预防战争"来减少负面行为，例如开展了"反毒品战争"等活动项目。这20年，我们见证了研究对象健康转变的过程。研究人员正在研究的"内在抗逆力"，其实就是我们面对生活挑战时天生具有的自我修复能力。

鲍妮·伯纳德是这个领域的开创者，她让我们了解了如何增强儿童内在的力量，从而保护他们免受潜在的危害。②这项研究主题与我们通过定期练习"放松身体，平静意识"来培养儿童的内在力量直接相关。

关于建立"抗逆力"的研究指出，保护孩子最重要的方法之一是至少有一个成年人（最好是几个）关心、支持并肯定他们的价值。孩子需要成年人成为他们坚实的依靠，对他们不离不弃。他们也需要在家中和学校学习实用的社交及情绪管理技能，并在生活中不断实践。本书的练习即是这三个要素的结合。

---

① 参见托马斯·阿亨巴赫的研究，收录于《普通的界限》中，1995年11、12月。
② 参见鲍妮·伯纳德著的《重建：我们已经学习到的事物》，2004年。

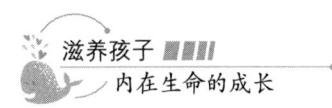

我们是否了解系统地练习"放松身体，平静意识"会带来怎样的益处？在已经公布的上百份研究成果中，有专门关于"平静技术"作用的研究。马萨诸塞州大学医学院减压项目创始人乔恩·卡巴特·恩的"基于静观练习减压"研究成果深受欢迎。他首次将静观治疗应用到慢性病患者身上，通过临床研究，他发现病人不仅疼痛感减轻了，同时血压也降低了，幸福感增加了。如今"静观减压练习"已被美国200多个医学中心采用，不仅用来治疗慢性疼痛，也被应用于治疗心血管病甚至癌症治疗。①

乔恩·卡巴特·恩针对牛皮癣病人做了一项研究。他发现，坚持做"专注冥想"训练的病人比"对比组"病人治疗康复周期要快4倍。2001年，他对每天承受过多压力却没有明显疾病症状的人群进行了专门研究。在研究中，志愿者被随机分配为"治疗组"和"对比组"。"治疗组"接受了本书中的"平静意识"训练及瑜伽练习。三个月后，定期进行练习的小组成员有46%的人表示发冷、头疼等症状得到缓解，44%的人表示心理压力有所减轻，24%的人表示每天应对烦心事的压力有所减轻，见图1-3。而没有练习的"对比组"成员在承受压力的能力方面却没有任何明显变化。

---

① 参见乔恩·卡巴特·恩的"专注力先生：即便是思想领先的倡导者活在当下也是非常艰难的，而我们只需要问乔恩·卡巴特·恩"，《华盛顿邮报》，2005年7月12日，F1版。

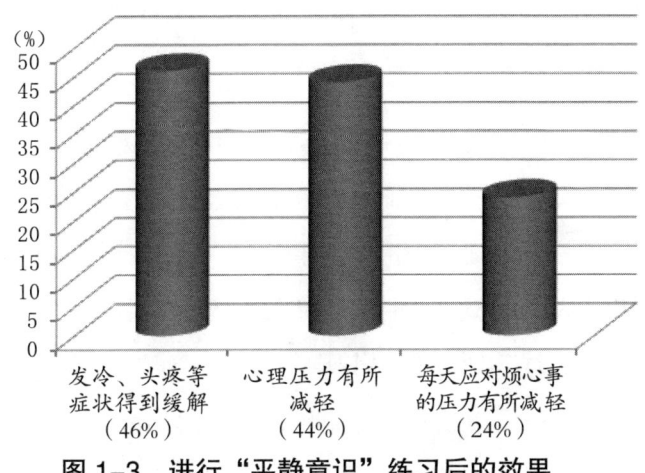

图1-3 进行"平静意识"练习后的效果

理查德·戴维森博士是麦迪逊大学的心理学及精神病学教授,他着力研究"平静练习"对于成年人的作用。通过多年对冥想作用的研究,他发现这些方法可以增加大脑中的灰色物质,提高机体免疫力,从而减轻压力,提升幸福感。他最近研究的方向是"冥想如何影响注意力"。我们通常认为冥想是一种训练注意力的精神培训方法,而他通过研究试图找出答案,即冥想是否对集中注意力的活动有明显的影响和作用。研究结果表明,答案是肯定的。注意力是一种灵活多变、可以被训练的技能。在他的研究中,那些参与了三个月强化冥想训练的人,在"瞬间注意力消失"的测试中有更好的表现。他之所以用"瞬间注意力消失"这个概念作为参数,是因为它本身是神经系统的一种特质,构建了冥想与注意力之间的

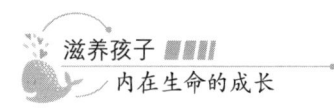

联系。他的研究也表明注意力是可以通过训练来提高的,这个研究对儿童的学习领域的应用意义非凡。①

现在大多数这方面的研究已经应用在成人身上。大约从2006年开始,相关人士开始进行更为缜密的科学研究,即运用大量可测量的数据来研究"平静练习"对于儿童的作用,美国和加拿大正是这方面研究的主要国家,我所创建和执行的"内在抗逆力"项目也是其中的一个。通过"梅迪斯协会"的帮助,我们开展以实验为基础的研究计划:在纽约挑选了老师、学生和学校参与本项目研究,来检测我们的"放松身体,平静意识"练习对他们的影响。纽约公立学校的57名老师及857名来自三、四、五年级的学生分为"干预组"和"对比组"。其中"干预组"的老师运用本书中所提及的方法,通过活动和CD针对学生进行相应的练习。

分析结果显示"干预组"和"对比组"有显著差异。其中,一个有趣而显著的变化就是"干预组"的教师的压力水平显著下降,注意力水平和幸福感明显提升,人际关系的信任度提升。与此同时,三年级"干预组"学生在自主权和影响力方面的提升高于之前,幸福感有明显提升。研究数据表明,

---

① 参见理查德·戴维森的"针对冥想能训练注意力的研究",《纽约时报》,2007年5月8日。

本项目对于减轻儿童压力、提升幸福感有积极显著的作用。①

这些发现让我和同仁备受鼓舞，而具体实践人员在培训时也发现孩子们发生了激动人心的变化。例如，来自加拿大哥伦比亚大学的金伯利·施耐特·瑞奇观察到掌握了专注技能的孩子"较少有攻击性行为，较少对老师产生对抗，在课堂上更为专注，同时也拥有更多正面、乐观情绪"。来自加州大学洛杉矶分校"专注意识研究中心"的主任苏珊·斯莫利发现，这些方法对多动症儿童有很好的临床效果，有助于他们减轻焦虑，提高注意力。更多研究正在开展中，研究人员自身在执行过程中也享受到这些技能带给自己的益处。②

儿童社会性与情绪的发展

越来越多的研究表明，在儿童早期就开始促进其社会性和情绪技能将有益其终生身心健康。从8岁左右开始，儿童的社会性和情绪管理能力与行为开始稳定，因而可以预测出他们今后的行为方式和精神健康状况。换而言之，如果儿童在小学低年级或上学前就能学会以建设性的方式表达情感，并

---

① 参见西蒙、S.哈雷特、E.纳格勒和L.托马斯的《对课堂上师生的内在抗逆力的研究：总结报告》，纽约：梅提斯研究联盟，2009年。
② 参见J.苏蒂的"觉察的学生，平和的学校"，Greater Good 杂志，夏刊，2007年。

与周围的人建立一种关爱和尊重的人际关系,他们长大后就更有可能规避抑郁、暴力或其他严重的精神疾病和问题。

丹尼尔·戈尔曼为本书做了许多贡献。在他具有开创意义的专著《情商》(1995年)中,他总结了神经科学和认知心理学的研究成果,认为情商与智商对孩子的发展和未来成功具有同样重大的意义。他在书中写道:

> 心理学界有个公开的秘密:学习成绩、分数、IQ(智商)测试和SAT(美国学术能力评估测试)分数都无法准确预测孩子未来是否能成功,尽管目前这些被宣传得很玄乎。IQ测试预测被广泛质疑,因为预测结果不准的远高于准确的。IQ最多占成功要素的20%,80%要归功于其他要素。

戈尔曼的研究帮助许多教育工作者理解了情商的重要性,其中也包括我——智商是我们的认识技能和知识储备,而情商是人有效运用智商的基础。

戈尔曼指出,大脑的情绪区域和执行区域在生理上相互关联,特别是在"教"与"学"的过程中。大脑额叶控制我们的情绪波动,同时也是处理记忆和学习的区域。

教育工作者和家长都明白,当长期的焦虑、愤怒或烦躁情绪占据孩子的大脑时,他们就无法分身来处理学习的问题,也就意味着,学业上的成功在某种程度上取决于孩子是否具有积极社交的能力。如今，美国各地的学校系统地帮助学生加强情商训练，让他们认识和管理自己的情绪，进行有效沟通，用非暴力的方式解决冲突。这些技能有助于学生做出更恰当的决定，更具备同理心，更积极乐观地面对挫折。

可喜的是，许多学校和家长正共同努力，在儿童的健康发展方面起了关键性的作用，并在管理情绪和社交方面给予孩子不断的支持。你可以参考《社交和情绪学习》这本书，因为学习社交及情绪技巧就如同学习语文、数学一样，都需要切实地掌握和运用知识和技巧。此外，课堂上讲授的知识和社交情绪技能之间不是非此即彼、相互割裂的。实际研究表明，当理论知识与社交情绪技能相结合时，学生会有更出色的表现。

1995年，丹尼尔·戈尔曼、艾琳·洛克菲勒·格瑞沃、迪西莫·施沃和我本人组建了"促进社会情绪能力学习合作组织"——一个专注于研究社交情绪在教学中的作用的机构。我们研发出五项基本要素或者说是评价标准，帮助学校和家庭系统地培养孩子的情商。这五项内容如下：

- ◆ 自我意识：认识自己的想法、感受和能力，并且了解它们对自己的选择和行为有什么影响。
- ◆ 社交意识：识别和理解他人的感受和想法，能与人产生共情，能采纳别人的意见和想法。
- ◆ 自我管理：管理情绪，不让情绪干扰到工作，能够设立一个长期和短期的目标，能应对前进道路中的阻碍和挫折。

- ◆ 做负责任的决定：产生、执行和评估建设性的问题和提供解决方案，也能考虑到此行动对自己和他人长期的影响。
- ◆ 人际关系技巧：对同辈压力（同龄人的负面压力）说"不"，致力于完善自身，处理个人和团体之间的冲突，确保健康和谐的人际关系。

儿童一旦学会并掌握了社交情绪技能，就更容易在学业上取得成功，他们生活的方方面面也会因此改善。无数的研究表明，具有良好社交情绪技巧的年轻人更快乐、更自信，更能胜任学生、家庭成员、朋友和同事等社会角色。同时，他们也会主动远离毒品、酒精依赖、心理抑郁和暴力事件。

家长和孩子如能在家中练习这些技能，则对双方都颇有益处。孩子能够很快掌握技能，父母和孩子能够相互聆听，一起解决问题，亲子关系得到积极提升，孩子会理解终身教育的概念。总而言之，社交和情绪技能是孩子健康、积极和成功人生的保障。

第二章
儿童放松身体、集中意识练习前的准备

在开始一段旅程前,如果已获得一张地图,你会感到备受支持。本章就像一张地图,它帮助我们了解在增强儿童内在力量练习中的一些指导原则和注意事项。我们将探索自身的重要角色,引导孩子理解平静的重要性;我们也将学习相应的技能,通过以下两种途径帮助孩子进行渐进式肌肉放松练习和集中注意力的静观练习。

我们强烈建议父母先探索自我,从练习中受益。只有这样,你才可能打下坚实的基础,为后续的整合运用做足准备。然后你和孩子一起练习,直至你们都可以灵活运用并达到预期效果。

学习新事物,无论对孩子还是大人来说都不是简单的事情。本次"旅程"之所以比别的更难,是因为它没有终点。重点在于将智慧和平静融入你和孩子的日常生活中,以应对可能有些琐碎和有些压力的家庭生活。

> **指导原则一** 推己及人：自行练习平静和放松，再带领孩子练习。

希望父母发现这些新的方法和技巧对自己一样适用。在和孩子开始练习之前，请你先试着花几周时间有规律地练习这两种冥想的方法：渐进式肌肉放松和集中注意力"静观"，只有通过练习，你才能体验到效果，只有把自己当作学生谦虚学习，认真实践，你才能变成孩子的好教练并最终教会孩子。

请你伴随音频中的指导语使用《放松练习：12岁及以上》和《集中注意力：12岁及以上》部分。先行练习几遍后，再与孩子一起练习。第一个练习帮助你完成渐进式肌肉放松和身体扫描，第二个练习帮助你集中注意力，学会"静观"自己。这些都是非常好的减压训练，在你感受到压力时就可以运用，并逐渐养成这样的好习惯。例如，在开始忙碌的一天之前，我们可以先做一次集中注意力的练习，在睡觉前则可以做一次"身体扫描"。

虽然本书在开发孩子内在力量方面有许多创意的想法和建议，但更为重要的是你在练习中给予孩子的陪伴，这种高质量的陪伴远比活动本身更重要。孩子会通过你的示范和榜样作用学到更多。托宾·哈特在《儿童神秘的精神世界》一书中有过描述："通常我们通过呈现自己是怎样的人以及我们自身的生活方式来教育孩子。我们自身的发展是与孩子相互

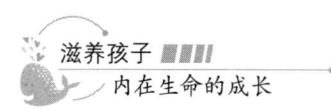

影响、相互促进的。实际上，我们是共同成长的。"所以，请像重视孩子的内在生命发展一样重视你自己的发展。

指导原则二 ▷ 成为孩子的良师益友

在构建自己的知识结构时，孩子需要的不是一个无所不知的权威人士，而是能够切实提供帮助的向导。好的向导应该是一个好的学习者，因此，在帮助孩子滋养内在生命的同时，我们也在扩展自己的内在生命，这一切是相互关联的。父母在这个过程中的作用在于陪伴孩子，让孩子乐于学习，并给他创造一个良好的学习环境。

请多问孩子一些开放性的而非有明确答案的问题，这样有助于你扮演好"学习伙伴"的角色。一个开放性的问题可以是："今天我们一起练习，你的感受是什么？"相反，一个闭合性的问题可能是："告诉我，咱们刚才都做了哪些练习？"此外，全神贯注并耐心倾听也是非常重要的。我们会在指导原则3、4中详细说明，这两点有助于减轻父母作为权威的压力。

你也可以试着让孩子来引导你。实际上，如果真想这么做的话，你只需要简单地做到以下几点：

1. 将这些练习和方法融会贯通于家庭生活中，使之成为常规活动；

2．自始至终进行练习；

3．在任何可能的场合下做出示范；

4．在内在感悟方面和孩子一样保持开放的心态。

指导原则三 孩子的全情参与是获得成效的最佳方法

我们习以为常的教学方法是接受老师的教导，而非自我发现。在这种学习方式中，老师是无所不知的权威，他们传递信息或用预设的方法教授技能，学生只是被动地接受信息。毫无疑问，作为家长，你一定知道并希望让孩子通过玩耍或体验活动进行更好的学习。很多时候，这种学习甚至无须刻意安排，孩子就能轻松学到东西。

心理学者托宾·哈特认为，"玩是孩子神圣的工作"，玩耍能帮助孩子"找到和定义自我"。当孩子通过体验和玩耍的方式建立起自己的知识构架时，他们能把所学到的东西更充分、更综合地运用到生活中，并将之变成未来学习和掌握知识的基石。这种学习方式对孩子来说不是被动参与，而是在好奇心和自信心的驱使下的自主探索。他们不是被外在的权威强迫着学习，而是为自身的好奇心和渴求驱使，让自己成为更出色的学习者，也让我们这些伴随者成为出色的老师。

这种"构建者"和"参与式"的方式正是本书指导原则的核心，这意味着我们可以在活动中培养玩耍的精神，保持好奇心和探险精神。父母要做的是静待其变，而非让孩子按照

固有路径去学习。例如,避免使用说教方式让孩子平静下来,而是真正让他们用直接的方式,以直觉和感官体验感受身体内在的平静,因为体验即学习。

指导原则四 > 耐心等待学习成果

无论对你或孩子来说,学习"静观"、感受安静的力量都不是一蹴而就的,可能会有一段时间你们会感受不到它的作用。然后,突然之间事情就发生转机:某一天你不平静的时候,你的孩子会提醒你深呼吸,你就能意识到他已经把所学的运用于实际生活中了。渐渐地,那些你曾觉得刻意的、被迫的感觉就会变得自然和真实。

尝试着和孩子一起把"安静时光"作为你们生活的一部分,坚持几个月才会更有效果。同时,你可以定期问问孩子的感受,征求他对练习的意见和建议。

指导原则五 > 请在开始练习和跟随音乐指导前为家庭建立一些新规范和习惯

这些练习不仅能帮助孩子,也能帮助你的家庭获取更多平静和安宁。我们的生活通常是忙碌的,有时候甚至是狂躁的,人们常常遗忘让人安宁的冥想。孩子越多地体验到平静和安宁,就越能感受到内心的流动,这可以减缓他们在生活中遭遇应急事件后所产生的负面影响。

在按照本书和音乐指导活动前,我们可以尝试为家庭建立一些新的规范,让孩子有机会感受到平静和安宁的生活。我们的目标是让孩子做好学习的准备,因此需要不断地激发其学习的好奇心。同时,创造一个好的开始的契机也非常重要。你可以亲身示范,并在家庭生活中对自己进行调整,让孩子感受到你对平静和安宁的重视。

试着改变你应对压力的习惯,并采用更自然和健康的方式。这些需要长期练习才能掌握其中的技巧,逐步成为良好的习惯,并终身恪守。

在家中建立一些新规范和习惯是开始第三章、第四章和第五章练习的前提,建议你先花几分钟想想典型的一天都经历哪些事件,再结合下文的建议,看看如何将新的规范和习惯融入家庭生活中。请结合我们的练习,挑选几条你认为较易在家中实现的规范和习惯。另外,请阅览我们提供的材料清单,或动手制作这些材料。

★新规范参考之一　用餐时保持片刻安静

可以在全家用餐时刻增加一个习惯:点燃蜡烛,把家人的注意力引到蜡烛的火苗上,一起共享片刻安宁。试着把注

意力集中在一处，有助于把意识带入安静的、清醒的深层状态。在进餐前我们也可以轮流描述这一天发生的、值得感激的事情。

★新规范参考之二 创建家中的"平静角落"

"平静角落"是为全家留出的一个特殊领地。任何时候，当家人需要平静和安宁时，都可以在此平复心情，获取和保持内在平衡。

"平静角落"也可以在家人受到打击、感到压力或者生气、无法控制情绪时派上用场，它为家人提供了独处的空间。因此，你可以发动全家参与这个特殊领地的设计。你可以在这个空间放孩子喜欢的照片，可以增加一些自然元素，放让人平静的图片，或乐器、杂志、铃铛、曼陀罗涂色书籍等。你要确保这里有足够的空间让孩子可以躺下，也有空间摆放枕头和音乐播放器。如果孩子尚小，这个地方也可以用作"隔离处理"（一种让孩子独自冷静的惩罚方式，被广泛运用于孩子犯错时），更是一个让孩子可以安静独处、自我享受的空间。

★新规范参考之三 学习"保持平静"活动

这种简单的"四步呼吸法"来自玛瑞斯·伊莱斯、史蒂文·陶柏思和布莱恩·弗兰德合著的《情商家教》。任何让孩子觉得烦躁不安、需要自我控制的时候，都可以使用这种方法。父母先试着自己练习，然后教会孩子。

你不妨把"四步呼吸法"写出来，贴在"平静角落"或家中其他地方作为提醒。

1. 告诉自己停下来，环顾四周。
2. 告诉自己平静下来。
3. 用鼻子做深呼吸，同时数到5，然后屏住呼吸数到2，最后用嘴巴呼吸数到5。
4. 重复以上动作，直到自己感觉平静。

★新规范参考之四　播放让人安静的音乐

一天之中你感到备受压力时，例如当你准备让孩子上学或接手一件棘手的事情时，你需要暂停片刻，这是感受一项活动过渡到另一项活动的最佳时刻。此时，柔和、缓慢的古典音乐能帮助我们改变当下的感受。把这段音乐当作背景，停下来平静地聆听是非常有效的"音乐休息"法。当父母需要将沉浸在某件事情中的孩子拉出来时，或当孩子过分紧张时，这种方法会非常有效，因为舒缓的音乐有助于放缓人体的呼吸和心率，也和改变情绪直接相关。

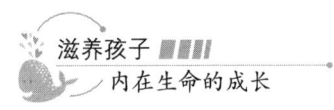

★新规范参考之五　保持平静、安宁的空间

给家人和自己最好的礼物是创造"平静和安宁"的环境，这听上去很简单，但很多家庭难以实现。尝试在一天中的某一段时间停下手中的事，让你的大脑做一次短暂的、纯粹的休息。保持平静，保持安静，做几个深呼吸，感受当下的状态。如果你有一边开车一边听电台的习惯，那么请在开车前和开车后保持片刻安静，然后询问和倾听孩子看到、听到和感受到的事物。你可以在去学校的路上或别的事情上保持片刻安静，也可以选择忙中偷闲享受片刻宁静，例如在为孩子准备食物时，或在撕开包装时。不管怎样，你要争取难得而又珍贵的片刻，纯粹地感受当下。所有的"片刻"都可以帮助我们真正地与自己的内在生命联结。

★新规范参考之六　妥善处理孩子遇到的干扰或暴力事件

如果孩子受到一些突如其来的干扰，比如电视中突然播放暴力或者恐怖事件时，或是目睹了一场交通事故、看到急救车呼啸而过时，你需要和孩子一起做一个"暂停"练习，即传输给孩子一些积极的想法，平复他波动的情绪。通过积极的"暂停"，孩子的压力就会适时得到释放，而不是把恐惧和压力淤积于心。[①]同时，父母应该认真关注和倾听孩子的担忧，

---

① 参见 M. 埃莱斯和 J. 格兰比合著的《社交决议与技巧习得：低年级课程指南》，罗格斯大学应用心理学中心，1989年。

对他们提出的问题进行反馈，这一切对帮助孩子处理特殊的恐慌事件都是非常有益的。

★新规范参考之七　敬畏大自然，拥抱大自然

大自然给予我们珍贵的"安静时光"，让我们与更大的自我相联结。拥抱大自然可以重新联结我们分离的身体与意识。最基本的，比如参与户外活动，拥抱大自然，可以让孩子在跑、跳、喊、玩中释放体内淤积的负能量。户外活动可以让人更深入地呼吸，摄入更多新鲜空气。同时，登高望远有助于跳出人类的自我小世界，获得崭新的视角。我们和大自然的关系和经营其他关系一样，需要持久的维系，你越重视，你们就会越亲密。我们可以从和大自然的良性关系中获取更积极乐观的态度，用崭新的认知去重塑特定的压力事件，做足迎接挑战的准备。有时候，我们只需要转变错误的思维范式，就能成就最好的自己。

此外，让孩子拥抱大自然也有助于其调动所有感知去感受当下。孩子不仅可以通过意识，也能通过身体感知外在环境。在一段时间内，集中使用某一种感知能力就是很有效的训练方法，比如留意季节的变化或天空的变化。你可以帮孩子选一个安静的户外场所，随后在一段时间内持续观察这个地方，比如在家附近找到一棵他最喜欢的树，然后观察这棵树在四季中的变化。这项活动的目标是拓展孩子全神贯注地观察外部世界的能力，帮助他以充满细节的感知力感受自然，而非

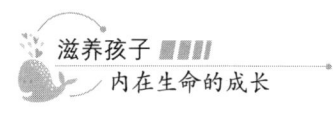

我们通常体验到的相对剥离的方式。

★新规范参考之八　多了解孩子身体的信号

孩子幼小时通常具有"收听"自己身体信号的能力，但是随着年龄的增长，他们渐渐地吸收了来自外部世界的信息，慢慢地关闭了天生的敏感性。不管怎样，在你释放压力前，请确保自己还能感知到自我的压力。你可以通过第四章的"处于压力下的身体反应检查表"，帮助孩子找到感到压力时的信号。你也可以通过一些身体的自然反馈，如心跳加快、呼吸变浅或者其他信号，来感知自己的压力。通过孩子的选择，父母可以获知其情绪状态。而我们需要关注的不仅是情绪状态，更是触发这些状态的原因。

★新规范参考之九　拥有亲子阅读时间

和孩子一起大声地读故事是一个绝佳的、体验冥想的方法，特别是当我们有意识地去做时。当我们读书时，我们的节奏立刻就放慢了，这给我们更多停顿时间。我们可以听到彼此的声音，体会彼此情绪的变化起伏。书中也有许多意想不到的、可以把我们带入更深思考的地方。我们可能会到达一个从未企及的角落，或产生并提出一个深刻的问题。孩子喜欢重复读故事，这种特点正是我们培养孩子冥想所需要的。

和孩子一起重复某件事，例如大声朗诵一本书，或重复收听某段音乐，有助于强化大脑特定的神经通道，储存美好的回忆，并有利于未来生活。

现在，让我们花一点时间梳理日常活动，然后加入一些你想融汇于家庭生活的新活动。

家庭日常事务		
时间	日常事务	融入的新活动
早晨 7:30	准备送孩子去学校	在车里放一些安静的音乐

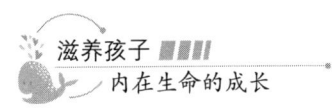

练习结构说明

现在,通过在家中创建新的习惯和先行练习冥想训练,父母已经完成了准备工作。接下来建议你仔细阅读第三章、第四章和第五章内容,它们是按照年龄阶段来编写的。

在这些章节中,你会发现许多与"放松身体"和"平静意识"相关的活动,主要是"渐进式肌肉放松"和"集中注意力:静观"练习。在你熟悉练习流程后,请与孩子一起练习。

本书提供的音频也是按照年龄阶段编辑的,其中两个练习针对不同年龄段的孩子有一些区别,我们按照孩子的特性分为5~7岁、8~11岁和12岁及以上三个阶段。这些音频是整个练习的核心,本书提供的活动是为聆听音乐前作的准备,以及听完音乐后的回顾总结。选择你认为对孩子有帮助的练习即可,以"该练习对孩子最为有效"作为依据。

此外,请参考使用本书提供的引入语和指导语。你可以在脚本上进行修改和调整,或用自己的语言去表述。总之,找到属于你和孩子最舒服、最真实的语言,才可能达到最顺畅的亲子沟通。

开始练习并持之以恒

在你的家庭开始适应新的习惯，并且你已经养成坚持冥想的习惯后，就可以和孩子一起练习了。

在父母和孩子第一次练习时，请参考本书和提供的音频，选择符合孩子年龄段的活动大纲。练习通常按照三个部分进行：听音乐之前、聆听和听音乐之后，请按照顺序进行。参考方式如下。

★ 通读整个练习说明

首先选择孩子所属的年龄段。为了更好地确认孩子适合哪个年龄段，建议父母听一遍完整的音乐，这样能更好地帮助你确认孩子的年龄段归属。因为每个孩子的内在发展都是不同的，书中的年龄分段是普遍情况，仅提供参考。

然后，父母需要快速浏览各项练习，理解练习的目的，想想根据实际情况不同，你会对哪些部分略微调整。

如果你有两个或更多孩子，并且孩子们年龄相仿，你可以选一个适合这个年龄段的练习。如果孩子们年龄相差比较大，那么你可以让他们一起介绍活动，再让他们用耳机收听属于自己年龄

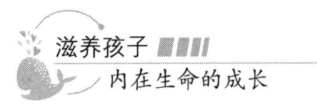

段的音乐内容。当然,你也可以单独陪他们练习,那样可以保证活动的质量和效果。一切由孩子的数量和你可支配的时间来决定。总而言之,这取决于你想要和孩子交流的内容和深度。

★ 正式进行练习

收集辅助材料:提前浏览一下,你们的练习是否需要特殊材料。每次都至少需要以下材料:

1. 铃铛或可以进行信号提示的物品,用于活动的开始和结束。
2. 为你和孩子分别准备一个笔记本,可以自行制作,也可以在商店购买。
3. 其他材料大部分都是家居用品,非常容易找到。确保在练习前让材料就位。

时间计划:选择固定的时间和地点进行练习,这有助于把活动融入家庭生活的新规范中。

在不同时间段分开进行两个练习:"渐进式肌肉放松"和"集中注意力:静观"练习不需要紧接着做完,你可以分开进行,以确保孩子真正理解并习惯。例如,可以多做几次"渐进式肌肉放松"再进行下一个练习。

规划下一阶段练习:较为理想的状态是一周保证三次"渐

进式肌肉放松"或"集中注意力：静观"练习。在第一次介绍完练习规则后，就不必做"听音乐前"的练习了，只需要根据音乐的指导语进行。但是每次练习前父母和孩子都需要一个讨论过程，双方花时间交流笔记本上记录的感受，增加延伸活动在生活中的运用。其他年龄段的练习也同样适用，你们可以循序渐进地完成。

更新活动并延伸到日常生活中去：在按照音乐进行练习之前，请把已经坚持了几周的新习惯继续下去。这样等你听音乐做练习时会倍感自在。随着练习的深入，你可能想要增加一些新习惯，你可以参考本书的延伸练习，也可以自己创造新的方式。

关于"放松身体，平静意识"的两大背景知识

在第一部分，我们已经向孩子介绍了一些概念和方法，帮助他们了解压力的产生和对生活的影响。压力是我们的身体在紧急状况下的反应，而不是事件或环境本身。

作为一种应激反应，压力是身体本能地躲避危险的应对机制，"对抗、逃避和冻结"都是身体天然的反应，会引起一系列生理现象，如心跳加速、肌肉充血、瞳孔放大或消化系统停止工作等。现代生活让我们过度使用"对抗、逃避和冻结"

机制,而它们本应在生命受到威胁时才启动。过于频繁地启动这个机制会导致我们的神经系统无法修复。于是,压力变成长期慢性的存在,我们的身体对此难以应对,最后超负荷的压力也带来了相应的疾病。

幸运的是,在20世纪60年代后期,哈佛大学学者赫伯特·本森等发现了与"对抗、逃避和冻结"机制相对应的平衡机制——这项机制也由一组生理反应组成,被称为"放松反应"。冥想、视觉想象、平和的运动、音乐和艺术以及有意识或无意识的肌肉放松都可以触发"放松反应"机制。相对于无意识的"压力反应"机制,"放松反应"是可以被有意识地训练的。①

本书提及的放松练习法能够触动"放松反应"机制,有效管理压力。重要的是我们需要把意识集中在深呼吸上,这是任何与平静相关练习的关键。有规律地深呼吸是达到深度放松和觉察的最佳路径,而腹式呼吸(也称作"横膈膜呼吸")则能够消除深层压力。

还有一点很重要,那就是尽可能了解我们的压力源,了解身体在接收压力后的反应。在此之前,我们无须关注身体里淤积的压力到底有多少,因为身体已在我们觉察前自行做了

---

① 参见S.乌莎·得蒙德的"冷静和富有同情心的儿童:一本手抄",《神圣的艺术》,2007年。

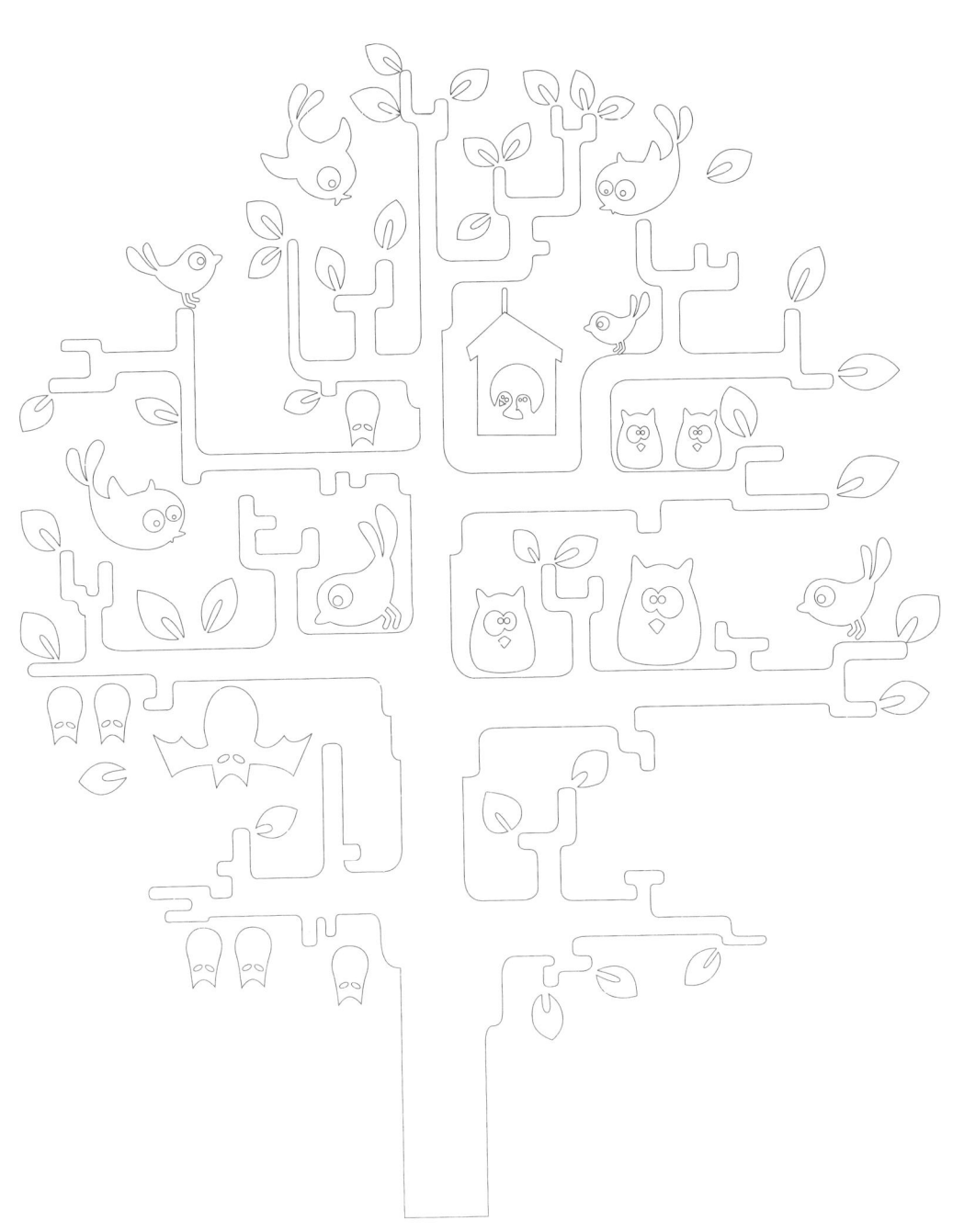

记录——肌肉紧张就是承受压力的信号。

★ **关于放松身体**

保持平静的第一个策略即为"放松身体",这个策略让孩子有意识地了解自身的紧张程度,并能体验肌肉的渐进式放松。

"渐进式肌肉放松"的理念来自内科医生埃德蒙德·雅各布森,他在1938年出版的《渐进式肌肉放松》一书中这样阐述:"身体的肌肉会记录焦虑引发的感受和事件,而肌肉的紧张又加深了真实的焦虑感。"在此基础上,雅各布森提出了应对的方案:"如果让肌肉放松,那么生理上的焦虑也会减少,焦虑感也随之而减少。""渐进式肌肉放松"技术通过集中意识关注身体的每一组主要肌肉群,并通过让肌肉收紧和放松来实现全身心放松。人体有10组主要的肌肉群,最佳放松方式是依次让每组肌肉收紧和放松两次,再进行下一组的肌肉放松。① 雅各布森的研究显示,让肌肉先紧张后放松的练习比单纯的放松肌肉练习更易获得深入的释放。

从生理学角度而言,"渐进式肌肉放松"可以降低脉搏、血压和呼吸频率,这种方法有效地抵制了身体焦虑。一旦学会了控制肌肉群的紧张和放松,你就可以结合"身体扫描"

---

① 参见琳达·兰提尔瑞编辑的《灵魂教学:抚慰孩子和老师的内在力量》,波士顿:贝肯出版社,2001年。

来使用。"身体扫描"是将意识集中在身体上,帮助我们察觉身体的哪些部分处于紧张之中。我们独自练习或有人指导练习时,都需要先闭上眼睛,再逐步将意识从脚趾向上,一直关注到身体其他部位。同时你也可以问自己:身体哪个部位觉得紧张,然后用意识去放松它。

这两个关于放松的练习法有助于帮我们觉察身体肌肉的紧张部位,也让我们更好地释放这种紧张。长时间的肌肉紧张会导致领悟力下降,精力不足,在了解身体的暗示后,我们需要适时练习来减少这些压力对身体的危害。

★关于集中注意力:静观

本书的第二个练习"集中注意力:静观"帮助孩子体验什么是"静观"。"静观"是在不做任何评价的情况下,把注意力集中在当下的方法。"静观"是每个人都具备的,并且可以融入日常生活的方方面面的能力。它也是一种保持平静的工具,可以让人把所有注意力集中在当下所做的事情上。它是一种冥想练习,你可以在散步或准备晚餐等日常生活中运用这种练习,并让自己全身心地投入其中。

你要在身体保持静止状态时进行静观练习,在此过程中欢迎随时可能发生的走神。你只需要轻轻地标记一下意识游离的地方,再将意识关注到呼吸上就可以了。在走神的地方做一个标记的方法非常有效,例如可以用"听""想""感受"这样的简单词汇去标记它,那样有助于你认识到意识在哪里,然后将意识重新带回到呼吸上。

静观练习的主要目的是增强专注力。切勿对自己的走神做出评价,而是把它当作自然的事情。我们只需要回到呼吸,回到我们的体验中来。增强专注力也和养成别的习惯一样需要不断练习。

研究表明,进行冥想练习并不断将之融入日常生活,有助于减少压力,提升免疫系统和有效地保持镇定。[1]静观能培养我们"平静"的能力,能减缓日常生活中的压力带来的来势汹汹的负能量,也能提供更多能量和策略以应对挑战。

在静观时,我们能全身心地体验到这种感觉——只聚焦在一件事情上并完全沉浸其中,这将重新联结起自我和周围的世界。静观可以在任何时候进行,刷牙时、穿衣时、进餐时……全神贯注地做一件事,就是在培养我们的静观能力。父母可以先让孩子在日常生活中养成全神贯注地做一件事的习惯,再进行本书的静观练习,这将是一种非常理想的方式。

---

[1] 参见 H. 本森和 E. 斯塔特合著的《健康之书》,纽约:Fireside Books, 1992 年。

第三章
5~7岁儿童放松身体、集中意识的练习

滋养孩子
内在生命的成长

影响 5~7 岁儿童发展的因素

5~7 岁的儿童拥有天生的好奇心、幻想和乐趣，他们能从周边的世界获取相关的信息。因此，他们会对学习"放松身体，平静意识"这门"新技术"表现出兴趣和开放的态度，并做出积极回应。同样，他们会期待与父母相处的"单独时间"，并沉浸在亲子共同活动中。这种特殊的"安静时光"有助于孩子表达感受和想法，也能带给他们温暖和安全感。找一个特定的时间与孩子相处，帮助他们表达想法，鼓励他们表达，只有在放松的气氛中，我们才能触及深层次的问题。

虽然这个年龄段的儿童还不易准确描述他们对于意识和觉察的理解，但他们对周围的人和事已拥有独特的想法。[①] 孩

[①] 参加 J. 威尔德·阿斯丁顿的"思维理论在学校的实践"，《教育精英报》，1998 年第 56 期，第 3 卷，第 46~48 页。

子的这种能力刚刚显现，他可能并不理解其想法之后的原理，但会积极地和父母互动，回应和父母的专注练习、想象活动以及其他游戏，特别是当这些活动成为常规的亲子内容时。当孩子心烦气躁、没办法安静下来做练习的时候，如果父母仅仅是简单地说"你需要冷静下来！"诸如此类的话，效果可能并不明显。如果父母换种方式对孩子说："你愿意休息一会儿，来听听这让人放松的音乐吗？或者我们和'呼吸'伙伴一起来做深呼吸好不好？"那样效果会好得多。如果父母多次并反复使用这种方法，孩子也更能体会其益处。他会开始有意识地运用深呼吸进行休息，从而缓解自己的心烦和焦虑。

幼儿的大脑发展是随着他们对环境的体验进行的。在这个年龄段，神经元连接（突触）非常迅速，本书提供的体验机会能对幼儿大脑的发展起到积极作用。

你应该了解的 5~7 岁儿童

这个年龄段的儿童开始寻找可以表达想法和感受的词语，父母应尽量给他们机会，鼓励他们试着表达出来。同时他们的自我觉察也到了一个新的水平，他们能够进行自我评估和判断了。

父母的支持和认可对孩子的发展尤为重要。孩子希望自己能和生命中最重要的大人一样，他们通过达成某种新任务的方式发展着自尊心，这让他们不愿意面对失败。因此，父母

要让这个阶段的孩子尽量地、慢慢地学会一项新技能,并让他们在鼓励和支持下感受成功的喜悦。

游戏是帮助 5~7 岁儿童增强抗压能力的重要方法。家长可以让孩子假装做一些超出能力的事,比如在游戏中进行角色扮演,让孩子探索自然。通过这种游戏,父母可以为孩子构建一个健康的活动机会。一定要注意,这类活动中必须要遵循"没有正确答案"的原则。父母需要在孩子们身边,和他一起探索。在活动中,孩子的任何反应、观点和见解都没有对错之分,需要被充分尊重。

在学习新事物时,儿童希望得到清晰的指令,也希望获得父母的鼓励和保护。此时他们充满想象力和好奇心,具象和抽象思维的发展也是同时进行的。

在这个阶段,儿童能够集中注意力的时间约为 20 分钟。所以在活动练习时父母要充分利用不同材料和玩具,给予他们多样化、丰富的体验。虽然 5~7 岁的孩子已经开始感知因果联系了,但对他们来说,体验本身比结果和产出更重要。他们也开始理解"压力会对身体有影响"这种观点了。

这个阶段的儿童喜欢定期做重复的事情。重复行为能最大化他们的学习效果。因此,父母和孩子在日常生活中可以不断重复这些练习,让它们成为家庭生活的常规活动。

最后,你与孩子的亲子关系是本项练习最核心的部分,一起开启并享受这次旅程吧。

练习一　进入放松状态：渐进式肌肉放松

在这个部分，父母将与孩子约定一个宁静的时段来平静思想，放松身体，并形成常规习惯。孩子能感受到身体放松和紧张这两种截然不同的状态。他将学习如何通过"呼吸伙伴"（可以将孩子喜欢的毛绒玩具或别的玩具放在他的腹部，与他共同呼吸，让玩具扮演他的"呼吸伙伴"）释放身体里储存的压力。在跟随音乐指导进行收紧和放松肌肉的练习后，你们将一起创作"回顾笔记"，一起通过绘画、写作或冥想等方式交流感受和体验。

● 聆听音乐之前的准备

曲目 1
5-7 岁肌肉放松练习

材料准备：

1. 铃铛/钟；
2. 柔软的填充物或者玩具（孩子的拳头大小即可）；
3. 本书；
4. 扫描二维码，下载音乐；
5. 笔记本：你与孩子每人一本（可以用使用纸、笔、蜡笔、彩色马克笔和丝带等自己制作笔记本，也可以直接购买空白的笔记本）；
6. 宁静的时段和地点：与孩子在一起，创造一个可以舒服躺下的空间。

所需时间:30分钟

 孩子将会学到的概念和技巧:

> 1. 感受到身体放松和进展的不同状态;
> 2. 通过深层腹式呼吸,学会放松身体;
> 3. 通过渐进式收紧和放松身体不同部位的肌肉,体验放松。

注意事项:

1. 深度腹式呼吸是释放压力和紧张的最佳和最方便的方法;
2. 通过渐进式收紧和放松肌肉体验放松,一定要注意让身体每个部位保持几秒钟的紧张感,然后迅速放松紧张的肌肉,而非逐步放松。

★ **STEP 1 聆听音乐前的准备**

告诉孩子,接下来我们将在本书和音乐的伴随下,一起学点新东西。

我们将在一起度过一些特殊的"安静时光",大概一周两次。在这段时间里,我们要一起做一些让身体放松和平静的练习。

告诉孩子,在开始这段"安静时光"之前,我们需要沉默片刻。你敲一下铃铛,然后让他聆听。告诉他,直到他听不到铃铛声，就举手示意。在这个过程中，必须要保持耐心，特别是如果他平时不习惯保持沉默的话。你需要让孩子花点时间来调整和适应保持沉默。

让孩子体会和感受一下当自己为某事担心焦虑、伤心沮丧的时候，身体有怎样的反应？这种感受与自己在平静状态下又有怎样的区别？下面有一个创意小活动，能够帮助孩子感知世界。

★ STEP 2　可以这样开始

让我们一起开始这段奇幻之旅吧，想象我们准备去攀登大山。我们开始准备，站起来穿上登山鞋，戴上登山手套。【停下来，做穿鞋和戴手套的动作】准备好了，我们出发吧，跟我走！【开始在房间里慢慢地来回走动】

哦，不！我们陷进了一个大泥坑。……这个泥坑太深了。……泥巴没过了我们的脚踝，每一步都越来越艰难。……感觉你的脚正陷入泥浆，被卡住了。……你几乎抬不起脚了。……让我们试着伸手抓住头顶上的一根树枝，就像这样。【模拟手向上抓树枝，紧握拳头抓住树枝，把自己从泥坑里拔出来】加油啊！哦，太好了，我们成功了，终于走出了泥坑。我们坐下来休息一下。

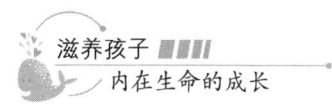

★ STEP 3　共同探讨活动中的感受

当你掉进泥坑里，你的腿有怎样的感受？

当你抓住树枝、努力让自己走出泥坑时，你的手臂有怎样的感受？

你是否注意到自己的呼吸和心跳有变化？我们来感受一下胸腔的变化。

有时候，我们可以感受到身体的变化，当我们感到难过、焦虑或者特别努力的时候。我们的手会发冷、湿湿的，我们的心跳会加速，甚至我们的呼吸也发生了变化，我们会不自觉地屏住呼吸或小口快速呼吸。

★ STEP 4　共同探讨感受到的身体其他部位的改变

让孩子感受平静状态下的身体。

想象一下，我们在刚才的地方向前继续走【开始在房间里慢慢走，然后停下】，走着走着就来到一片沙滩上。夏日的午后，我们舒服地躺在沙滩上，感受后背的沙子凉凉的，身上暖暖的【躺下】。我们听到海浪的声音，一浪接着一浪，感到自己非常放松，躺在沙滩上，身体享受着休息。【停顿10秒钟】这种感觉太棒了，现在让我们的思绪回来，慢慢站起来，问问自己：我的脚有什么感觉？手臂、手掌有什么感觉？呼吸和心跳有什么感觉？

我们的手感觉温暖，呼吸变得缓慢深沉，脚也觉得放松，心跳逐渐放慢。

共同探讨感受到的身体其他部位的变化。

告诉孩子，这段特别的"安静时光"能学习到让自己平静的方法。在未来需要我们平静的时候，就可以用上这些方法。

告诉孩子，有意识地觉察我们的呼吸方式可以帮助我们在心烦时保持平静，放松身体：放松方法之一就是学会做深呼吸。

让孩子舒服地躺着，关注自己的呼吸，感知空气是从身体哪里呼入呼出的。将一个如孩子拳头大小的柔软玩具放在他肚子上，这样他就可以观察到吸气时身体哪个部位隆起。你可以告诉他，这个玩具是他的"呼吸伙伴"。当我们做深呼吸的时候，身体起伏的部分不仅仅是胸，还有我们的腹部。

你可以说：

深深吸气，注意吸入的空气的走向。你的胸腔是否隆起？身体其他部位有隆起吗？好，现在呼气。你身体哪些部位也在跟着动？

当我们深呼吸时，不仅胸部在起伏，我们的腹部也在起伏。让我们通过观察"呼吸伙伴"，来看看有没有将空气吸入

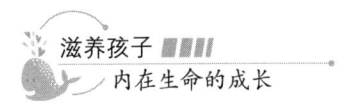

腹部。在我们吸气时,"呼吸伙伴"向上;在我们呼气时,"呼吸伙伴"向下。

吸气时数 4 下:1、2、3、4

呼气时数 4 下:1、2、3、4

让孩子重复做几次,直到他掌握了让"呼吸伙伴"向上向下的技巧。如果孩子没有掌握技巧,请把手放在他的"呼吸伙伴"上,帮助他学习腹式呼吸。

告诉孩子,如果我们能吸入、呼出更多空气,就对身体更有利。当我们进行深呼吸时,尽可能地吸入更多空气,呼出更多空气,这样可以让我们的身体运转得更好。这就好比我们给身体吃食物,让它保持健康一样。

★ STEP 5　聆听(本练习是音频中的曲目 1)

现在,让孩子慢慢站起来,告诉他我们将听着音乐中的声音,体验身体放松。你可以说:

好了,让我们一起来听一段音乐,度过一段特别的时光。音乐中的声音会帮助我们平静身体、放松身体的各个部位。

你会感到身体正变得放松,而你的意识也集中到一些事情上,发现自己越来越平静。今天所学的方法可以在我们觉得恐慌和焦虑时使用。练习得越多,我们就越容易在需要的时候变得更平静、更放松。准备好了吗？我会陪伴你一起做这个练习。

我们一起重新躺下。音乐中的指导语会指导我们慢慢关注身体的不同部位，我们得先让被关注的部位保持一会儿紧张，然后迅速让这个部位放松。

你可以给孩子做一个示范，例如你先握紧拳头数到5，然后放开拳头数到10。

和孩子一起舒服地躺在地板上，把他的"呼吸伙伴"放在身边。

开始播放音乐。

开始放松：渐进式肌肉放松练习

让我们一起度过这段特别的安静时光。我们将学习如何放松身体并且关注在放松时身体各部位的感觉：我们的头、肩膀、手臂、手、腹部、腿，从上到下一直到我们的脚趾。

让我们舒服地躺在地板上，把手臂放在身体的两侧，把"呼吸伙伴"放在腹部，这样可以提醒我们做深长的腹式呼吸，尽可能吸入呼出更多空气。

如果我们想让身体更加舒服，可以先做一些伸展和摇摆动作，让自己进入真正的放松状态。好了，现在，让我们闭上眼睛开始放松。

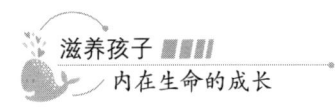

首先做一个深深的腹式呼吸。吸气，感觉到你的腹部像气球一样慢慢变大。深深地吸气，吸气，吸气，吸气。然后，慢慢呼气，一起数1、2、3、4。

再做一次腹式呼吸。吸气，感觉你的腹部越来越大，你的"呼吸伙伴"正在一点点上升：1、2、3、4。然后，呼气，1、2、3、4。

现在，想象一下，你的每只手里都拿着一只用橡皮泥做的球。紧握拳头，挤压手中的球，挤压，挤压，挤压，挤压，用你最大的力量去挤压。好，现在松开你的手，让球掉到地板上，感觉到你双臂的放松。慢慢地放松你的手、手指，完全放松。我数到5，你的手和双臂完全放松：1、2、3、4、5。好了，你的手和双臂都已经放松了。

现在，提起你的肩膀，让它尽量靠近耳朵。保持肩膀向上挤压，用你最大的力量去挤压，让肩膀再向上些。现在，让你肩膀恢复原位，放松它们，完全放松。我数到5，你的肩膀完全放松：1、2、3、4、5。很好，你的肩膀很放松。

现在，把眼睛闭上，就像有胶水把上下眼皮粘住了。尽可能地张大你的嘴，就好像要大咬一口。伸出舌头，保持住，保持住，保持住。

好，现在放松你的整个面部。我数到5，你的面部完全放松：1、2、3、4、5。很好，你的面部很放松。

现在，收紧腹部，让它尽可能去找背部。给自己一个大大的拥抱，紧紧地拥抱身体的中间部位，保持住，紧紧抱住，再次紧紧抱住。好，现在放松，感觉你的腹部变得很柔软，让你的胸部放松，手臂放松，落到地板上。听我数到5，你的腹部和胸部感觉很放松：1、2、3、4、5。

现在，收缩你的腿和脚，使劲绷紧它们，内勾你的10个脚趾，继续收紧腿和脚，保持住。现在，让我们放松，感觉你的腿和脚在地板上休息。听我数到5，你的腿和脚感觉很放松：1、2、3、4、5。

好，我们现在进行最后一次收紧，收紧你整个身体，收紧你的手、双臂、肩膀、面部、腹部、胸部、腿、脚，收紧所有部位，让你的身体尽可能收紧。好，现在，放松。你的整个身体完全放松，仿佛陷入了地板中。

再做一次腹式呼吸，吸气，吸气，再吸气；然后呼气，呼气，再呼气。我们自己做一遍。呼吸之间，你能感受到，通过呼吸我们的身体进一步放松。

让我们关注一下我们的身体，身体的某些部位是否依然感到紧张、僵硬或不舒服？请检查自己的身体，问问自己：我的双臂是否放松？我的腿是否放松？我的脚是否放松？让我们仔细地从头到脚了解一下身体每个部位的感觉，注意身体此时此刻的感受。

滋养孩子
内在生命的成长

现在,慢慢睁开眼睛,活动一下手指和脚趾,舒展一下身体,慢慢站起来,感觉一下自己的身体是如此的放松。太棒了,我们已经学会了如何让自己身体平静和放松的方法。因此,我们可以在任何需要的时候做这个放松练习。

感谢你和我一起进行这个练习。

★ 听完音乐之后的回顾

让我们和孩子一起探索和回顾整个渐进式肌肉放松过程中的所想所感。

你现在有怎样的感受?双臂感受如何?腿的感受如何?把双手分别放在胸口和腹部,感受自己的呼吸,你觉得身体哪些部位比较容易放松?身体哪些部位比较难放松?

引入"回顾笔记",即用绘画和写作的方式来记录你们在"安静时光"中的所思所感。

父母可以这样和孩子沟通:

把我们的体验画出来或写下来,可以帮助我们记住刚才的练习。所以,每次练习过后,我们都把感受记录下来,用各种方式来装饰我们的笔记。例如,今天我们就以"身体放松"为主题创作一幅画。想想我们可以用哪个颜色来表达身体平静和放松时的感受?你想到哪种颜色呢?

在创作绘画时，父母可以播放一些舒缓的音乐作为背景。

完成创作后，请孩子分享他的画。请他表达自己的想法，父母也可以参与讨论和分享。父母可以告诉孩子，以后每周会固定安排几次这种"安静时光"，之后有可能更加频繁。

父母可以告诉孩子：

每次开始这段"安静时光"之前，你都可以画画，或讲故事，或表演节目。然后我们一起聆听音乐。最后，我们一起讨论练习中发生的事情和感受，最后在笔记本上画下来或写下来。

最后，和活动开始时一样，父母用敲钟的方式来结束这段"安静时光"。父母在敲钟前重申规则：请保持沉默。然后开始敲钟，示意停止练习。钟声落下，当孩子听不到回音时，举手示意，活动结束。

敲响铃铛/钟。

★ 延伸到日常生活中

参考第二章第五个指导原则：把练习融入日常生活中，形成新的"常规"，有助于帮助孩子巩固和强化所学成果。例如，你可以把包含本书音频的播放工具放在家中的"平静角落"，

滋养孩子 内在生命的成长

方便孩子在需要时随时可以听。

每天睡觉前是练习呼吸法最好的时机，通过呼吸，有助于释放一天的压力。父母躺在孩子身边，调整呼吸，与他同步，说出一天中想要释放的任何压力和紧张。也可以用"吹灭灯"游戏来腹式呼吸，这个游戏非常简单：把"呼吸伙伴"放在孩子腹部，深深吸气。让孩子对着灯，仿佛在将灯吹灭，从1数到4，当他把所有气体呼出时，关灯。

采用深度的腹式呼吸和"渐进式肌肉放松"的练习有助于孩子平静下来。当父母注意到孩子不安或生气时，可以询问他是否愿意做一个深呼吸练习，或对身体进行紧张和放松的"渐进式肌肉放松"练习。

★ 故事分享

做完练习后，父母可以和孩子一起读一本书，推荐《有一个巨大而美丽的世界》（There's a Big Beautiful World Out There!），该书由南希·卡尔森创作。书中提到"世界上有很多吓人的东西"。然后，作者带领孩子进行了一次恐惧之旅。"如果你因此而退缩"，你就会错失世界上最美丽的东西。

这个时候父母可以启发孩子：

我们来看看故事中的小孩为什么会难过？看看令他们难过

的事情是否也会令你难过？

接着读下去。孩子可能会时不时打断你，尤其是在他感到难过时。在读完后，你们可以讨论：

什么东西会让故事中的小孩受到惊吓？那些东西也会吓到你吗？你还有什么感觉？当你的身体受到惊吓时，你感觉到了什么？【提醒孩子回忆"安静时光"时你说过的话】

故事中的孩子在受到惊吓后想要做什么？如果他们因此退缩，他们会错过什么？你是否曾因为某件事太难或太令你害怕，所以放弃去做呢？我们在刚才的"安静时光"学到了什么？它们会如何帮助我们处理这样的情况？

你们还可以共读绘本《美妙的事件》(*The Wonderful Happens*)，作者为辛蒂娅·瑞兰特。绘本讲述"这个世界充满了美妙的东西，鸟儿在天空飞翔，猫儿在窗边呼噜……最美妙的是，这个世界有你"。和孩子一起读完绘本后，你可以启发他说出自己眼中最美妙的事物，并让孩子对自我存在感觉良好——他的天分、才能和一切。这也是父母向孩子表达"你在我心中最特别"的时机。最后，这本书为我们提供了"寻找不同的美好"的机会。

滋养孩子
内在生命的成长

练习二　集中注意力：静观

在这个环节，父母首先向孩子介绍什么是"静观"，它指的是以呼吸为关注点，平静、专注自我注意力的练习。静观练习要求练习者不带评判地、安静地关注当下发生的事情。

父母可以通过"侦查员"游戏启发孩子悉心观察周围，或通过全神贯注地咀嚼葡萄以及聆听音乐等让孩子练习如何静观。父母也可以和孩子一起玩"神秘盒子"游戏，通过触摸促进孩子注意力的集中。逐步地，你的孩子会练就静观的能力，并把这种能力应用到日常生活中。

● 聆听音乐之前的准备

曲目2
5-7岁的静观练习

材料准备：

1. 铃铛/钟；
2. 4～5件可以清楚描述并让孩子理解的日常用品，用于"侦查员"游戏；
3. 每人两颗葡萄干或其他小食品、纸盘子、纸巾；
4. 一个"神秘盒子"，用鞋盒或其他盒子制作；
5. 在盒子上剪一个洞，洞口大小以一只手能放进去，同时又看不到盒子里的物品为准；
6. 在盒子里放一些不同触感和形状的物品，如一粒纽扣、一根鞋带、一个棉球、一个橡胶球、一块海绵或一根黄瓜等；

7. 本书；

8. 扫描二维码，下载音乐；

9. 两本笔记本、笔、蜡笔和水彩笔。

所需时间：30分钟

孩子将学会的概念和技巧：

1. 清楚理解"静观"的含义：觉察正在发生的事情；

2. 通过关注呼吸来平静意识；

3. 通过运用其他感知觉来觉察每时每刻发生的事情。

需要记住：

1. 在静观过程中发生的任何想法、情绪和感觉都不是分散注意力的表现，我们不要去评价，而要悦纳，让它们成为个人体验的一部分；

2. 在练习中用一些简单词如"听到""想到""感受到"来标记我们脑海中来来回回的想法。给自己的想法取名字，这样有助于感受自己的意识在哪里，并把意识重新带回到呼吸上来；

3. 静观是冥想的一种形式，也可以成为日常生活中的一种习

惯。我们可以在每天的生活中进行静观练习，刷牙时、穿衣时、吃饭时，只要集中注意力全身心地投入某一件事，就是在静观。

★ STEP 1 你可以这样开始

本环节通过"专注的观察"活动，让孩子体会什么是静观。父母要告诉孩子这个活动有助于平静意识。当我们的意识达到平静时，就可以更专注地完成我们的任务。

提醒孩子，每个环节你都会从沉默片刻开始。听到你敲钟时，孩子要闭上眼睛，直到听不到钟声就举手示意。然后开始敲响钟。

你可以这样说：

还记得上次我们度过的"安静时光"吗？我们一起练习让身体放松的方法。上次练习时，你最喜欢哪个部分？今天我们要做的新练习叫作"静观"，这个词听着很深奥，其实就是让我们感觉到自己的所感所想，然后把注意力放在正在做的事情上。

★ STEP 2 活动之"侦查员游戏"

这是一个"猜猜看"的游戏，向孩子描述你所看到的身边某个事物，让他猜猜你说的是什么。

我们来做一个"侦查员"游戏。你以前玩过吗？这个游戏需要我们留心观察事物。在游戏中，我会说一个我看到的事物，或者说"我侦查到××"，然后你来猜猜我看到了什么。我们开始吧！

父母先做一个示范：

挑选一件物品，如房间里孩子一眼就可以认出的玩具球，描述它："我侦察到一个圆形的蓝色的东西。"

如果需要，还可以用更多语句向孩子描述，例如"和你的拳头一样大""有弹性的"等，直到孩子猜出来为止。

告诉孩子这个活动的目的不在于输赢，而是需要留意房间里有哪些物品，仔细地观察周围的物品。先让孩子试着做几轮"侦查员"，开始由父母来描述，孩子来猜。然后交换角色，让孩子来描述，换父母来猜。

和孩子交流游戏的感受：

这个游戏好玩吗？你有没有注意到一些你之前没注意的事物啊？那是什么呢？

告诉孩子，刚才我们游戏中所做的就是专注地观察，是静观的一种。

★ STEP 3　活动之"专注地品尝食物"

告诉孩子接下来要做的和刚才"专注地观察"一样，试着用专注的方法来品尝食物。你们每人拿两颗葡萄干，把葡萄

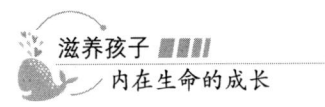

干放在盘子或纸巾上。父母可以让孩子先吃一颗。你可以这么说:"要不要在我们开始前先尝一颗?"

品尝完一颗后,让孩子全神贯注于剩下的葡萄干。告诉他这回需要非常仔细地观察这颗葡萄干,再把它拿起来,仔细描述它(让孩子不要把葡萄干放进嘴里)。

你想用什么词语来描述你的葡萄干呢?它是什么颜色的?有多大?是硬的还是软的?你还注意到什么呢?

接下来,让孩子把葡萄干放进嘴里,慢慢地品尝它。

你可以这么说:

好,我们都把葡萄干放进嘴里,让它在嘴里停留一下,先不嚼它,用舌头感觉它。我数5下,1、2、3、4、5。好,可以开始咀嚼了。不要把葡萄干咽下去,想想它的味道。我再数5下,1、2、3、4、5。好,我们可以把它咽下去了。当你在吞咽葡萄干时,同样数5下,1、2、3、4、5。

然后分享:

你有怎样的感受?有什么不同之处?你注意到了什么?这个过程简单还是容易呢?为什么?

分享你自己的感受和发现。

★ STEP 4　聆听（本练习是音频中的曲目2）

准备好音乐，为下一个环节做准备。

介绍"集中注意力：静观"练习，这段旅程将在音乐的带领下进行。

通过"侦查员"游戏，我们学会了专注地看身边的事物；然后通过吃葡萄干，我们学会了专注地品尝食物。现在，让我们来听一下音乐，在音乐的带领下"放松身体，平静意识"。这次一起来看看，当我们专注地听时，我们能观察到什么，感受到什么。准备好了吗？让我们坐在椅子上，脚放在地面上，手放在腿上。请记住，我们要用腹式呼吸，开始吧！

开始播放音乐。

开始放松："集中注意力：静观"练习（跟随音乐中的指导语）

让我们一起度过这段特别的安静时光。

我们需要特别注意正在发生的每一个时刻，特别是一些声音。让我们先舒服地坐在椅子上，脚放在地面上，手放在大腿上，把头抬起，好像你正被一个漂浮的气球轻轻地举起来。深呼吸，尽量吸入腹部多一点空气。吸气，1、2、3、4，然后慢慢地呼出，1、2、3、4。非常好。

现在，轻轻地闭上眼睛，再来一次深呼吸。听着声音，让

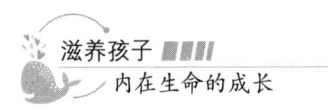

我们开启这段想象之旅。我们把所有的注意力放在听到的声音上。

听到钟声我们就开始练习了，试着听听这钟声响了多久。

[钟声]

现在，我们再做一次深呼吸：吸气，呼气，吸气，再呼气。

当你安静的时候，你可能会听到别的声音。如果你听到一个新声音，请默默地告诉自己。告诉自己你听到的和你想到的。让我们再做一次深呼吸，吸气，呼气，吸气，呼气。

[安静。小鸟叽喳的声音。安静]

当我们听到这声音，说出它的名字。

[小鸟叽喳的声音。安静]

轻轻地告诉自己："小鸟。"如果你又听到相同的声音，再次对自己说"小鸟，小鸟"。

[小鸟叽喳的声音。安静。小鸟的叫声。安静。小鸟的叫声。]

关注我们的一呼一吸，吸气，呼气，吸气，呼气。我想我们已经准备好专注地听更多声音了。在你等待声音的时候，保持一呼一吸。当你听到声音时，给它命名，告诉自己。

［安静。水滴慢慢滴落的声音］

记得每次听到声音的时候，告诉它的名字："水滴。"

［安静。水滴慢慢滴落的声音］

吸气，呼气，吸气，呼气。我们还会再听到一些声音，记得要告诉自己听到的声音。

［四下慢慢敲鼓的声音］

［长时间的安静。小猫的喵喵声。安静。喵，安静。喵，安静。喵，安静］

专注地听一次钟声，然后结束本次练习。

［安静。钟声］

感谢你和我共度这段时光。

★ 听完音乐之后的回顾

聆听之后，父母可以向孩子提问：

刚才你听到了什么声音？猜出这些声音对你来说容易还是很难？你觉得这些声音时间长吗？还是很短？你现在感觉怎样？

一起总结，或提出别的想法。

比如向孩子介绍"神秘盒子"游戏。把一些触摸起来好玩的物品放入盒子。

父母可以说：

刚才我们经历了专注地看、品尝和聆听，现在让我们用手来探索，专注地触摸，让我们来玩一玩"神秘盒子"的游戏。

首先向孩子展示神秘盒子，如果他愿意，可以让他抱着盒子。

进行游戏时，孩子需要闭上眼睛把手伸入"神秘盒子"里，一次触摸一个物品。在孩子触摸到物品后，让他花一两分钟尽可能地描述，直到他猜出物品到底是什么。父母可以鼓励他："你猜出来了吗？让我们把它从盒子里取出来看看。"你可以告诉孩子，这个游戏和"侦查员"游戏一样不在于输赢，而在于能专注于对物品的触觉。猜对了，会觉得很好玩；即使没有猜对，去感受不同物品的触觉也很有趣。

父母最后可以把物品从盒子里取出来，再和孩子交流：

你是怎么猜出来的呢？触摸一个物品，但不知道它是什么，这是一种什么感觉？对你来说，这种感觉好吗？在这个游戏中，有哪些事情让你惊讶？

引入"回顾日记"，告诉孩子这个特别的笔记本能够帮助你们记住刚才学到的东西。父母可以说：

正如我们专注地观察、品尝、聆听和触摸，我们也可以专注地做任何想做的事情，任何时候我们都可以专注于当下。因此，当我们涂色或者画画时，我们可以专注于画面。让我们把今天练习的内容通过绘画记录下来。你可以描画今天观察到的、品尝到的、听到的和触摸到的任何事物。当你在画这些事物时，注意你是否也在用眼睛、耳朵、舌头和触觉去认识它们。

随后，父母和孩子还可以讨论能让你们专注的其他方法，或需要在日常生活中专注地去做的事，比如"在今晚睡觉前，你能专注地做什么事情呢？"孩子或许会说："刷牙。"

最后，以敲钟的形式来结束本次练习。你要重申规则：在这个过程中保持沉默。父母开始敲钟，然后停止。当孩子听不到钟声时，举手向你示意，活动结束。感谢孩子与你共度这段特别的时光。

敲响铃铛/钟。

★延伸到日常生活中

大自然给予人类许多感知当下的独特时刻。你可以站在岸边凝视翻滚的海浪，或安静地观察天空中漂浮的云朵，享受此刻的平静，之后再回想所见所闻。让孩子找到一棵他喜欢的树，或一个他喜欢的地方，这都是帮助他感受大自然的神

奇力量的方法。

在平时与孩子的相处中,父母总会因为一些琐事苦恼、困惑,这让你们无法真正地拥有一段好时光。下一次,如果你的孩子跑过来向你讲述他一天的经历,请让他坐到你的腿上,享受这份特别的礼物:和他一起沉浸在同一世界里,静观当下,去发现当下真正的样子。

★ 故事分享

做完练习后,父母可以和孩子一起阅读保罗·肖尔斯的《倾听漫步》(The Listening Walk)。书中讲述一个小姑娘带着自己的小狗"少校"跟随爸爸进行的一次倾听漫步。故事发生在城市,到处都是声音。一些声音不太好听,比如汽车声、建筑工地的声音,另一些声音则让人感觉舒服,比如"少校"的脚步声、洒水声和公园里的鸟叫声。结尾处,读者被要求放下手中的书,闭上眼睛,只听声音:整个世界都被听到。

你可以这样介绍这本书:

让我们来阅读《倾听漫步》,讲述一个小姑娘和小狗"少校"跟随爸爸进行的倾听之旅。我们来关注此前和此后听到的东西有什么不一样。

和孩子一起大声读这本书,在你读过书中的声音后,感受孩子跟随你重复的声音。在阅读后，你们可以讨论：

小姑娘听到的声音中，哪些是人为制造的？她还听到了哪些声音？其中哪些声音你也听过？哪些声音你没有听过？

你可以提议此刻花1分钟闭上双眼，关注现在你们听到的所有声音。

另一本好书是卡洛斯·佐罗托瓦的《海岸之书》(*The Seashore Book*)，书中讲述一个男孩问自己的妈妈："海岸是什么样的？"妈妈充满爱意地描述了海岸的一天——通过丰富的色彩、声音和光线。这本书的文字和插画带给人一种宁静祥和的感觉，让读者也不禁闭上双眼想象。

你可以这样开始：

我想为你读一个住在山里的男孩的故事。他从没去过海边，但是他的妈妈却启发他想象属于自己的海岸，当他开始想时，他感觉自己真的在那里。让我们跟随他进行一次想象之旅吧。

在读完故事后，你们可以讨论：

男孩在想象的海滩上看到了什么？他听到了什么？他还感受到什么？你是否想象过自己从未去过的地方？你会想象哪里呢？让我们闭上眼睛，一起到想象中的那个地方去，我们来看看发生了什么呢？

让孩子凭空想出一个地方比较困难，你可以提议想象一个你们曾去过的地方，最好是大自然。让孩子想象，如果他到了那里，伸开手，坐在某个地方，或走着时他看到了什么，听到了什么，感觉到什么。

第四章
8~11岁儿童放松身体、集中意识的练习

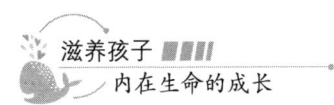

当我们与 8~11 岁孩子相处时，会发现他们非常热情、具有活力并充满想象力。在保留幼小时期对周遭世界的好奇心的同时，他们也学会了更理性地理解世界和自己。对许多家长而言，他们的孩子是"理性的年纪"：他们可以用"退一步"的方式来回顾自己的想法和行为，他们也能更清晰地意识到思维的过程，并反思自己的行为。因此，这个阶段的孩子对感受和行为的"自我报告"变得更准确和可靠。

苏联社会心理学家列维·维果茨基认为，社会交往是将 8~11 岁儿童推向更高层次的心理发展过程的关键因素。也就是说，这个年龄段的孩子生活在一个与人交往的世界里，其中与成人的交往显得尤为重要。因此，最佳的学习体验就是让他们在信赖的人的帮助下获得新技能。本书中讲述的"平静意识"练习不仅顺应孩子的能力发展，也可以促进其重要潜能的开发。

随着对他人的觉察力和社交能力的提高，焦虑和不安也往往开始出现在孩子身上。他们想要取悦他人，对批评格外敏感，也对新环境和新任务更加畏惧，容易对自我表现产生焦虑。有意识地练习"平静意识"，有助于帮助他们处理不良情绪。

你应该了解的 8~11 岁孩子

8~11 岁的孩子精力充沛，充满想象力。他们能够把注意力集中在当前的事情上，这为他们不受干扰地练习提供了前提条件。

对这个年龄段的孩子而言，最好的办法是分阶段学习新东西，让他们在每个阶段都获得成功感，从而可以更好地应对复杂的挑战。让他们把学习的节奏放慢，要知道学习新东西需要花时间，也有一点难度。

鉴于这个年龄段的孩子很容易放弃，对批评也很敏感，父母需要给他更多正面反馈，对点滴的进步给予鼓励。在称赞他的同时，特别要注意详细说明其值得赞赏的某一点。

这个年龄段的孩子精力充沛并且好动，他需要释放大量的精力，释放之后也较易疲惫。要顺应他的生理节奏，在他需要安静的时候再一起做这些练习。

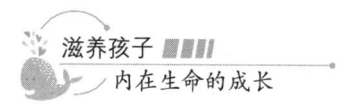

8~11岁的孩子喜欢和父母聊天,他们喜欢与熟悉的人进行轻松的、开放式的对话。因此,父母也要运用随意、轻松的语调。同时,孩子更希望大人也不知道问题的答案,这样他可以像平等的伙伴一样参与讨论,和你一起开启"探索之旅"。

他希望自己所做的事情是有意义的,因此,及时告诉他做这件事情的意义非常重要。你可以解释沉思和冥想对他的好处,让他了解到这些活动的意义。

练习一 进入放松状态:渐进式肌肉放松

在这个部分,你将与孩子一起约定安静时段来平静思想,放松身体。孩子能感受到身体放松和紧张这两种状态的截然不同,更好地理解身体的"对抗、逃避和冻结"反应。然后,他们将学习两种释放身体压力的方法:深度腹式呼吸法和渐进式肌肉放松法。在解释腹式呼吸法时,我们可以用气球做比喻,让孩子直观地了解其原理。也可以用"处于压力下的身体反应检查表"来让孩子了解自己的压力水平。最后,在音乐的引导下,和孩子一起体验"渐进式肌肉放松",最后让孩子通过创作"回顾笔记",用绘画、文字或者冥想等方式来探讨对这些练习的体验和感受。

● 聆听音乐之前的准备

曲目3
8-11岁肌肉放松练习

材料准备：

1. 铃铛/钟；

2. 气球；

3. "处于压力下的身体反应检查表"；

4. 本书；

5. 扫描二维码，下载音乐；

6. 笔记本：你与孩子每人一本；

7. 宁静的时段和地点：与孩子在一起，有一个可以舒服躺下的空间。

所需时间：30分钟

 孩子将要学会的概念和技巧：

1. 感受到身体放松和紧张的不同状态；

2. 通过深层腹式呼吸，学会放松身体；

3. 了解压力的定义：身体对应急事件的反应；

4. 了解哪些事情会启动身体的应急机制；

5. 通过渐进式收紧和放松不同部位的肌肉，体验身体放松的感觉。

◎ 注意事项：

1. 深度腹式呼吸是释放压力和紧张的最佳和最方便的方法；
2. 通过渐进式收紧和放松肌肉体验放松身体时，一定要注意让身体每个部位保持几秒钟的紧张感，然后迅速放松紧张的肌肉，而非逐步放松。

★ STEP 1　聆听音乐之前的准备

告诉孩子，你们将在本书和音乐的伴随下，一起学点新东西。

你可以这样说：

我们将一起度过一次特别的"安静时光"，一周大概两次。在这段时间里，我们要一起做一些让身体放松和平静的练习。我们可以一起分享在练习中的感受，这些练习有助于我们处理担心、生气和恐惧的情绪，帮助我们应对压力，保持情绪的平静和健康。一旦我们有了特别的感受，享受到身体的放松和意识的平静，就意味着会有好事发生，会遇到生活中的小惊喜。同时，我们会更集中精力做更好的决定，并且会更开心、更健康。

父母可以告诉孩子，在开始这段"安静时光"之前，你们需要沉默片刻。你敲一下铃铛，让孩子聆听，直到他听不到铃铛声，就举手示意。在这个过程中，你们必须耐心保持沉默，特别是如果他平时不太习惯保持沉默的话。孩子需要花点时间来调整和适应沉默。

让孩子体会和感受当自己为某事担心、焦虑、伤心、沮丧的时候，身体有怎样的感受，这种感受与自己在平静状态下又有怎样的区别。

你可以这样说：

让我们想象一个地方，从我们曾经去过的地方中选一个，在那里我们觉得非常平静。那里可以是我们常去的，也可以是我们去过一次的地方，它很安宁，带给我们非常放松和平静的感觉。我想到的地方是我们去年暑假去的地方，你想到的是什么地方呢？是在哪里呢？

现在告诉孩子，你们将要开启一段旅程，来仔细回忆那个地方。

你可以这样说：

一起来看看，我们能不能再回到那个特别的地方。你想跟我一起试试吗？那么，让我们闭上眼睛，我们来到这个地方，我们感到特别平静，全身很舒服。

让我们环顾四周，留心我们看到的、听到的、闻到的。伸展一下手臂，我们的手会触摸到什么？感觉怎样？我们全身心在这个地方，感受到每一处细节，直到我摇响铃铛。【摇铃

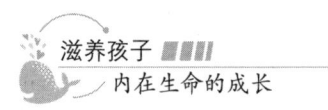

大约15秒】

现在,慢慢回到房间,睁开双眼。描述一下你在那个地方的情景。你现在感觉如何?身体有什么变化呢?

孩子的回答可能是"呼吸变得缓慢和舒畅、肌肉放松、心跳放慢或感受平静"等等,这些都是我们感到放松时,身体发出的信号。

接下来让孩子回想过去几天让他感到心烦、有压力或令他害怕、不安的事情。

你可以说:

现在我们想想,在过去几天里,哪件事情让你非常有压力。你有些心烦,也许担心、生气、恐惧或不安。它可能是让你心烦的一个人,或者是某种情形,比如考试让你觉得心烦,有压力。【停顿一会儿】你能想出这样的事情吗?你当时在什么地方?和谁在一起?发生了什么?【和孩子一起讨论,告诉他感受到有压力的时段】

参考以下"处于压力下的身体反应检查表",和孩子讨论压力如何作用于身体。

现在,回想我们处于压力下时,身体有什么感受。以下检查表上的感受,你经历过吗?

处于压力下的身体反应检查表
☐ 神经质
☐ 坐立不安
☐ 呼吸加速
☐ 双手发抖
☐ 双脚发冷
☐ 心跳加速
☐ 胸口发闷
☐ 容易生气
☐ 对小事闷闷不乐或担心
☐ 容易哭泣
☐ 嘴巴发干
☐ 肌肉紧张
☐ 反胃
☐ 出汗
☐ 难以入睡
☐ 其他

备注：

你可以让孩子用不同颜色的笔来标注回答以上列表，不同的颜色代表不同的程度，这样方便孩子直观地理解问题。

紫色：非常平静

蓝色：安静的，平和的（代表放松与平和状态）

绿色：平静（但还没达到蓝色程度的平静）

浅棕色：专注的（在学习或玩耍时感觉放松）

棕色或黑色：紧张或非常紧张（或许会非常焦虑、焦躁甚至愤怒）

你可以这样向孩子解释涂画表格框点的作用：

接下来我们会进行一些练习，在练习后我们再看看刚才涂画的颜色是否有变化？你想试一试吗？你会不会对结果感到惊喜呢？不如来试一试？

★ STEP 2　向孩子解释"对抗、逃避和冻结"反应

父母可以向孩子解释，为什么在感到压力时，人的身体会出现这三种反应方式。

回忆一下我们不安和担心时身心的感受。其实无关我们的意愿，身体会在某种紧急情况下处于应激状态，这时也就产生了"对抗、逃避和冻结"的反应。

我们通过想象把时间轴拉回到原始社会。人类祖先为了求得生存，四处觅食。他们走在森林里，有时候会遇到一只野兽，如果它恰好是一只饥饿的狮子，人类就不得不想办法飞速逃生。试想一下，如果你看到这只饥饿的狮子，你的第一反应是不是很恐惧？恐惧让身体产生一系列反应：心跳加速，从而为肌肉争取更多氧气，便于采取行动。这时，你的脑海

中只有两个字："危险！"这些反应让你马上做出反抗或逃跑的选择。另一种可能是，你因为受到惊吓而呆滞不动，让自己隐匿在树林中以躲避危险。总而言之，身体的这些反应在紧急情况下能够帮助人类快速决策，成功脱险。因此，"对抗、逃避和冻结"是人类进化过程中必要的身体反应。

然而，在日常生活中，身体感受到的很多紧急事件其实是"假警告"，比如让我们感到的压力。我们的身体还没有真正辨识紧急事件和"假警告"之前，已经做好了应急准备。久而久之，"假警告"越多，我们的身体也越多地处于"对抗、逃避和冻结"的反应中，这样就对身体造成了越多的伤害。学习"放松身体和平静意识"就是要解除身体对"假警告"的反应，消除压力对身体的伤害。

★ STEP 3　腹式呼吸法介绍

告诉孩子，有意识地觉察自我的呼吸方式可以帮助我们在心烦时保持平静，放松身体。

放松方法之一就是学会做深呼吸。因为呼吸是每时每刻都进行着的，与生俱来的，我们往往不会对之有太多关注，也就没法意识到自己是否在进行深呼吸。

告诉孩子，你们将一起探索呼吸是怎样进行的。你可以这样说：

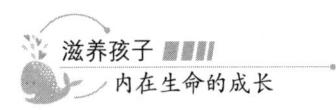

让我们舒服地坐下,你可以轻轻闭上眼睛,然后放松。现在,开始关注我们的一呼一吸。呼、吸……【停顿一下,让孩子做几次吸气和呼气】

当你吸气时,你是通过鼻子还是嘴巴来完成的?你的胸部是否变得越来越大?你身体的其他部位有上升吗?在你呼气时,注意一下身体的哪个部位在活动。

让孩子睁开眼睛,和你一起回顾刚才他注意到的细节。

告诉孩子,除了刚才的呼吸,还有一种呼吸方式不仅胸腔在运动,人的腹部也随着一起运动。你可以这样说:

很多时候,我们的呼吸很浅,有时候甚至会屏气,让我们来回忆一下,什么时候我们会屏气呢?【讨论一下屏气的情形】

实际上,每天都会有些事情干扰我们,让我们无法进行足够深的呼吸。特别是在心烦意乱、承受压力的时候,我们的呼吸无法充满肺部,也无法给身体提供足够的空气以保持健康。

【拿出一个充了1/4气的气球】

下面,我用这个气球来代表我们的肺。

当我们没能做到深呼吸时,也就是说仅仅做了胸部运动,我们的肺部也只填充了1/4的空气,就像这个气球一样。如果我们做了深呼吸，那么肺部就充满了空气，就像把这个气球充满一样。【同时把气球充满】此时我们的腹部鼓起来，充足的空气让整个身体能更好地工作。同理，让肺里的空气完全呼出也很重要。深呼吸保证了我们身体健康，也让身体得到很好的放松。

现在，我们一起试着做一次深呼吸：

我们先吸一口气，把双手放在腹部，看一看腹部是否在吸气的时候鼓起来，在呼气的时候落下去。准备好了吗？吸气，1、2、3、4、5；呼气，1、2、3、4、5。

当我们深呼吸时，不仅胸部起伏，我们的腹部也在起伏。

这种方法叫作"腹式呼吸"，也叫作"横膈膜式呼吸"。横膈膜是隔离肺和其下部位的一块肌肉组织。当我们做腹式呼吸时，其实是用横膈膜来为肺部提供更多空间，这样才能容纳更多空气。

让我们再来尝试一次。吸气，1、2、3、4、5；呼气，1、2、3、4、5。

多重复几次腹式呼吸，直到孩子真正熟悉腹式呼吸。父母也可以把手放在孩子的肚子上，去协助他找到腹式呼吸的感觉。

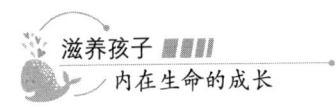

★ STEP 4　聆听（本练习在音乐中的曲目3）

（准备好音乐，为下一步活动做准备）

现在，让孩子慢慢站起来，告诉他你们将听着音乐，体验身体放松。你可以说：

好了，让我们一起来听一段音乐，度过一段特别的时光。音乐中的声音会帮助我们平静身体，放松身体的各个部位。

你会感到身体正变得放松，而你的意识也集中到一些事情上，发现自己越来越平静。我们今天所学的方法可以在我们觉得恐慌和焦虑时使用。练习得越多，我们就越容易在需要的时候变得平静、放松。准备好了吗？我会陪伴你一起做这个练习。

让我们一起重新躺下。音乐会指导我们慢慢关注身体的不同部位，我们得先让关注的部位紧张一会儿，然后迅速让这个部位放松。

在开始之前，你们可以先躺下，找一个舒服的姿式。你可以给孩子做一个示范，例如你先握紧拳头数到5，然后放开拳头数到10。和孩子一起舒服地躺在地板上，把他的"呼吸伙伴"放在身边。

开始播放音乐。

开始放松。

让我们一起度过这段特别的安静时光。我们将学习如何放松身体并且关注在放松时身体各部位的感觉：我们的头、肩膀、手臂、手、腹部、腿，从上到下一直到我们的脚趾。

让我们舒服地躺在地板上，把手臂放在身体的两侧，把"呼吸伙伴"放在腹部，这样可以提醒我们做深长的腹式呼吸，尽可能吸入和呼出更多空气。

如果我们想让身体更加舒服，可以先做一些伸展和摇摆动作，让自己开始进入真正的放松状态。好的，现在让我们闭上眼睛开始放松。

首先做一个深深的腹式呼吸，吸气，感觉到你的腹部像气球一样慢慢变大。深深地吸气，吸气，吸气，吸气。然后，慢慢呼气，数1、2、3、4。

再做一次腹式呼吸。吸气，感觉你的腹部越来越大，你的"呼吸伙伴"正在一点点上升，1、2、3、4。然后，呼气，1、2、3、4。

现在，想象一下，你的每只手里都拿着一只用橡皮泥做的球。紧握拳头，挤压你手中的球，挤压，挤压，挤压，挤压，

用你最大的力量去挤压。好,现在松开你的手,让球掉到地板上,感觉到你双臂的放松。慢慢地放松你的手、手指,完全放松。我数到5,你的手和双臂完全放松,1、2、3、4、5。好的,你的手和双臂都已经放松了。

现在,提起你的肩膀,让它尽量靠近耳朵。保持肩膀向上挤压,用你最大的力量去挤压,让肩膀再向上些。现在,让你肩膀恢复原位,放松它们,完全放松。我数到5,你的肩膀完全放松,1、2、3、4、5。很好,你的肩膀很放松了。

现在,把眼睛闭上,就像有胶水把上下眼皮粘住了。尽可能地张大你的嘴,就好像要大咬一口。伸出舌头,保持住,保持住,保持住。好,现在放松你的整个面部。我数到5,你的面部完全放松,1、2、3、4。很好,你的面部很放松了。

现在,收紧腹部,让它尽可能去贴背部。给自己一个大大的拥抱,紧紧地拥抱身体的中间部位,保持住,紧紧抱住,再次紧紧抱住。好,现在放松,感觉你的腹部变得很柔软,让你的胸部放松,手臂放松,落到地板上。听我数到5,你的腹部和胸部感觉很放松,1、2、3、4、5。

现在,收缩你的腿和脚,使劲绷紧它们,内勾你的10个脚趾,继续收紧腿和脚,保持住。现在,让我们放松,感觉你的腿和脚在地板上休息。听我数到5,你的腿和脚感觉很放松，1、2、3、4、5。

好，我们现在进行最后一次收紧，收紧你整个身体，收紧你的手、双臂、肩膀、面部、腹部、胸部、腿、脚，收紧所有部位，让你的身体尽可能收紧。好，现在，放松。你的整个身体完全放松，仿佛陷入了地板中。

再做一次腹式呼吸，吸气，吸气，再吸气；然后呼气，呼气，再呼气。我们自己做一遍。呼吸之间，你能感受到通过呼吸，我们的身体进一步放松。

让我们关注一下我们的身体，身体的某些部位是否依然感到紧张、僵硬或者不舒服？请检查自己的身体，问问自己：我的双臂是否放松？我的腿是否放松？我的脚是否放松？让我们仔细地从头到脚了解一下身体每个部位的感觉，注意身体此时此刻的感受。

现在，慢慢睁开眼睛，活动一下手指和脚趾，舒展一下身体，慢慢站起来，感觉一下自己的身体是如此的放松。太棒了，我们已经学会了如何让身体平静和放松的方法。因此，我们可以在任何需要的时候做这个放松练习。

感谢你和我一起进行这个练习。

★ 听完音乐之后的回顾

让我们和孩子一起探索和回顾整个"渐进式肌肉放松"练

习中的所想所感。

你现在有怎样的感受？双臂感觉如何？腿的感受如何？把双手分别放在胸口和腹部，感受自己的呼吸，你觉得身体哪些部位比较容易放松？身体哪些部位比较难放松？

约定下一个一起做"渐进式肌肉放松"的时间。

引入"回顾日记"，即用绘画和写作的方式来记录你们在"安静时光"中的所思所感。

父母可以这样和孩子沟通：

把我们的体验画下来或写下来，可以帮助我们记住刚才的练习。所以，每次练习过后，我们都把感受记录下来，可以用各种方式来装饰我们的日记。例如，今天我们就以"身体放松"为主题创作一幅画。想想我们可以用哪个颜色来表达身体平静和放松时的感受呢？你会想到哪种颜色？

在创作绘画时，父母可以播放一些舒缓的音乐作为背景。

完成创作后，请孩子分享他的画，请他表达自己的想法，父母也可以参与讨论和分享。父母可以告诉孩子，以后每周会固定安排几次这种"安静时光"，之后有可能更加频繁。

父母可以告诉孩子：

每次开始这段"安静时光"之前，你都可以画画，或讲故事，或表演节目。然后我们一起听音乐。最后，我们一起讨论练习中发生的事情和感受，最后在笔记本中画下来或写下来。

最后，和活动开始时一样，父母用摇铃或敲钟的方式来结束这段"安静时光"。父母在摇铃或敲钟前重申规则：请保持沉默。然后开始敲钟，示意停止练习。钟声落下，当孩子听不到回音时，举手示意，活动结束。

敲响铃铛/钟。

★延伸到日常生活中

参考第二章的第五个指导原则：把练习融入日常事务中，形成新的"常规"，有助于巩固和强化所学。例如，你可以让孩子在需要的时候听听音乐。

这个年龄段的孩子开始有心事了，会出现各种因为忧虑而产生的心理症状。请参照前面的"处于压力下的身体反应检查表"，帮助孩子把症状和生活中触发那些症状的人、事或物联系起来，然后和孩子一起商量应对策略。你也可以适时提醒孩子进行腹式呼吸和"渐进式肌肉放松"练习。

放松身体可以提高孩子的专注力。这个年龄段的孩子经常会受到考试或其他挑战的困扰。所以，在孩子考试前或者接受某项挑战前的早晨，你可以和他一起进行"渐进式肌肉放

松"练习,从而帮助他应对压力。

当孩子看起来比较心烦,或者遭受打击的时候,父母可以提醒他用深呼吸和腹式呼吸法在短时间内释放压力。在孩子写作业、参加体育活动或上学前都可以提醒他,帮助他养成深呼吸和腹式呼吸的习惯。

每天睡觉前是练习呼吸法最好的时机,有助于释放一天的压力。父母可以躺在孩子身边,调整呼吸,与他同步,和他一起说出一天中想要释放的压力和紧张,或者某个引起他焦虑的名字。然后,将这些压力一个个通过紧握和放松拳头,把它们释放出来。结束呼吸练习后,父母和孩子还可以分享这天发生的所有令人感恩的事情。

在驾车或旅行时,或和孩子一起待在其他任何狭小空间时,父母都可以倡议进行简短的"渐进式肌肉放松"练习,只需要用简短的词语来提示,比如"手:收紧－放松;腿和脚:收紧－放松;腹部:收紧－放松"等等。

★ 故事分享

做完本练习后,父母可以和孩子一起阅读道格拉斯·伍德的《一个安静的地方》(*A Quiet Place*)。你可以根据孩子的阅读水平决定在哪里转折语气,哪里提高音量。图书开头是这样的:"有时,一个人需要一个安静的地方。"然后作者带领你去寻找安静的地方。作者最后总结，安静的地方其实存在于你的想法和你的感受中——"在你的里面"。

你可以这样开始：

我有一本书想读给你听，它讲述我们怎样找到一个安静的地方。书中有很漂亮的插画，也有一些文字。我们一起来大声读好不好？我还会教你认那些生字。

在阅读到书中那些室外或室内的地点时，你可以时不时检查孩子对不同地方的不同感受。然后你们可以讨论：

故事传达了什么信息？作者是怎样描述想要寻找一个安静的地方这一想法的？这个故事和我们在一起听音乐做练习时有哪些相似的地方？

还有一本故事书是布莱恩·科里尔的《珍贵的今天：生命中值得庆祝的时刻》(*Cherish Today: A Celebration of Life*)，作者表达了成功并非取决于你有多成功，而是你一路能克服多少挑战。书中还描述了一个孩子可以承受多少压力。你可以和孩子一边阅读一边停顿下来讨论：

你经历过类似的压力吗？什么时候经历的？这个故事是否勾起你对一些相同经历的回忆呢？

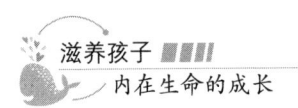
滋养孩子内在生命的成长

练习二　集中注意力：静观

在这个环节，我们首先向孩子介绍什么是"静观"，它指的是以呼吸为专注点，平静、专注于自我注意力的练习。静观要求你不带评判、安静地关注当下发生的事情。这个练习可以帮助孩子调动所有注意力，集中在简单的日常活动或者高度挑战的活动中。在这次练习中，孩子会通过全神贯注地咀嚼葡萄干直接体验"专注"和"感受当下"。

音乐中有引导孩子体验"静观"的练习，让孩子以呼吸为"锚"（或者说中心点），体验将游离的意识带回来。然后，父母和孩子可以讨论集中注意力的方法，并在笔记本上记录，之后把这些方法运用到日常生活中去。

● **聆听音乐之前的准备**

曲目4
8—11岁的静观练习

材料准备：

1. 铃铛／钟；

2. 尺寸一样、封面光滑的两本书；

3. 每人一把椅子；

4. 每人两颗葡萄干或其他小食物、纸盘子、纸巾；

5. 本书；

6. 扫描二维码；

7. 一人一个笔记本、笔、蜡笔、水彩笔。

所需时间：30分钟

 孩子将学会的概念和技巧：

1. 清楚理解"静观"的含义：觉察正在发生的事情；
2. 通过关注呼吸来平静意识，将游离的意识带回来；
3. 通过运用其他感知觉来觉察每时每刻发生的事情；
4. 采取方法应对外界干扰。

需要记住：

1. 在静观过程中发生的任何想法、情绪和感觉都不是分散注意力的表现，我们不要去评价，而要悦纳，让它们成为个人体验的一部分；

2. 不需要有任何评价和判断。在生活中，很多时候我们并没有全身心地关注正在做的事情，经常会走神。当我们学习"静观"时，就能让我们全身心地投入，从而提高专注力，能够更好地集中精神学习新事物；

3. 孩子将学习如何将呼吸当作"锚"，当意识就像一艘小

船漂浮、漂离时，他们可以通过呼吸将意识带回当下；

4. 在练习中用一些简单词汇如"听到""想到""感受到"来标记脑海中来来回回的想法。给自己的想法取名字，这样有助于感受自己的意识在哪里，并把意识重新带回到呼吸上来；

5. 静观是冥想的一种形式，也可以成为日常生活的一种习惯。我们可以在每天的生活中进行静观练习，如刷牙时、穿衣时、吃饭时，只要集中注意力全身心地投入某一件事，就是在进行静观。

★ STEP 1 你可以这样开始

本环节通过两个小游戏让孩子体会到什么是静观。告诉孩子这个活动有助于平静意识。我们在意识平静时可以更专注地做需要完成的事情。

提醒孩子每个环节都会从沉默片刻开始。当你敲钟时，孩子就闭上眼睛，直到听不到钟声时再举手示意。

开始敲响钟。

还记得上次我们俩度过的"安静时光"吗？我们一起练习让身体放松的方法。上次练习时，你最喜欢哪个部分？今天我们要做的新练习叫"静观"，这个词听着很深奥，但其实就是让我们感觉到自己的所感所想，然后把注意力放在正在做的事情上。

★ STEP 2　活动之两个小挑战游戏

来玩两个具有挑战的游戏。两个游戏都要求你们必须专注才能成功，一起来挑战一下吧。

第一个游戏：让孩子一只手在腹部做绕圈运动，另一只手在头顶轻拍自己的脑袋。这是一个考验协调性的动作，可能你们之前玩过。记住这次挑战需要你和孩子体会全身心投入、心无旁骛的感觉。

现在，我们站起来，做一个挑战性活动：试着用一只手轻轻地拍脑袋，同时另一只手在腹部画圈。【做示范】这个活动听起来简单，其实做起来还是有点难度的。在做这个活动时，我们只把注意力放在两只手上，不用担心是否做对了。现在，我们再交换双手试试。

这个游戏有些挑战，其间你们可能会觉得特别好玩，你们可以放声大笑，也允许多次尝试。

孩子成功一点后，父母可以为他增加一点难度，让他尝试单脚站立进行练习，还可以继续增加难度，让他一边数数一边做这个游戏。原则是逐渐递增要求，给孩子一个适应过程。

简单分享感受：

你觉得这个游戏怎么样？很难还是很容易？

接下来,父母和孩子可以尝试第二个挑战,它能让孩子体会到"慢"有时比"快"更能获得成功。

拿出封面光滑的两本书,你可以告诉孩子:

让我们尝试另一个挑战游戏。这次,我们要把书顶在头上,从这个房间走到另一个房间。你要保证书不从头上掉下来,并且你的手不能帮忙。准备好了吗?

父母现在拿出提前准备好的两本书,把它们摞在一起,放在孩子头上,宣布游戏开始。孩子需要适应一段时间才会明白:放慢速度、专注走路比较容易成功。你可以问:

你有什么方法保证书不掉下来呢?

当孩子成功地完成这两个挑战后,父母要对这两个活动进行总结:

边走边保持书的平衡,感觉如何?怎么做才能让它变得容易些?你感觉一边在腹部画圈一边拍脑袋的那个活动怎么样?我们生活中哪些活动和这两个活动类似?

父母和孩子通过讨论发表自己的见解。

最后你总结并介绍下一个游戏:

专注能让我们全身心地投入到某一件事情上。这些活动让我们把所有注意力放在正在进行的事情上。不管是一边画圈一边拍头，还是一边走路一边保持肢体平衡，都需要我们集中注意力，密切关注正在做的事情。

★ STEP 3　活动之"专注地品尝食物"

告诉孩子，接下来要做的和刚才"专注地观察"一样，试着用专注的方法来品尝食物。你们每人拿两颗葡萄干，把葡萄干放在盘子或纸巾上。父母可以让孩子先吃一颗。你可以这么说：要不要在我们开始前先尝一颗？

品尝完一颗后，让孩子全神贯注于剩下的葡萄干。告诉他这回需要非常仔细地观察这颗葡萄干，然后把它拿起来，仔细描述它（让孩子不要把葡萄干放进嘴里）。

你想用什么词语来描述你的葡萄干呢？它是什么颜色的？有多大？是硬的还是软的？你还注意到什么呢？

接下来，让孩子把葡萄干放进嘴里，慢慢地品尝它。你可以这么说：

好，我们都把葡萄干放进嘴里，让它在嘴里停留一下，先不嚼它，用舌头感觉它。我数5下，1、2、3、4、5。好，我们可以开始咀嚼。不要把葡萄干咽下去，想想它的味道。我再数5下，1、2、3、4、5。好，我们可以把它咽下去了。当你在吞咽葡萄干时，同样数5下，1、2、3、4、5。

然后分享:

你有怎样的感受?有什么不同之处?你注意到了什么?这个过程简单还是容易呢?为什么?

分享你自己的感受和发现。

★ **STEP 4 聆听(本练习是音频中的曲目4)**

准备好音乐,为下一个环节做准备。

介绍"集中注意力:静观"练习,这段旅程将在音乐的带领下进行。

通过刚才的活动,我们已经体验了专注的感觉。现在,让我们来听一下音乐,跟随其中的指导语进行"放松身体,平静意识"练习。当我们专注地聆听时,我们要关注每时每刻的所感所想,并用呼吸来帮助自己集中注意力。让我们坐在椅子上,脚放在地面上,手放在腿上。开始吧!

开始播放音乐。

开始放松。

让我们一起度过这段特别的安静时光。

我们将把所有注意力都放在此时此刻正在发生的事情上,来练习集中注意力,这就是"静观"。感知你的内在和外在发生了什么，不做评价，也不为此担忧。我们慢慢闭上眼睛，把注意力集中在呼吸上。

呼吸就像是泊船时的"锚"，它把船固定在某个地方，保证船的安全，避免船被大海漂走。你的思想和感受就像小船一样，会漂向各个方向，但是你的呼吸总可以像"锚"一样，把注意力带回当下。

让我们先舒服地坐在椅子上，脚放在地面上，手放在大腿上，把头抬起来。想象一下，你仿佛正被一个漂浮的气球轻轻地举起来。深呼吸，尽量为腹部多吸入一点空气。吸气，1、2、3、4，然后慢慢地呼出，1、2、3、4，非常好。

现在，你轻轻地闭上眼睛，再来一次深呼吸。正常的呼吸，关注你是用哪里吸气的：是嘴巴还是鼻子？在吸气时，注意你的胸和腹部正在慢慢变大；呼气时，你的胸和腹部正在慢慢变小。

吸气【停顿5秒钟】，然后呼气【停顿5秒钟】，吸气【停顿5秒钟】，然后呼气【停顿5秒钟】。吸气，做一个深吸气，让氧气充满你的胸和腹部；然后，呼气，让二氧化碳被呼出，感觉你的胸和腹部在收缩。保持正常呼吸，吸气时，轻轻对自己说："吸气。"然后，轻轻说："呼气。"【停顿15秒】

若感受到你的意识已经游离，稍微留心一下是什么分散了你的注意力？是房间里的声音，还是你身体的感受？略微关注一下你的意识游离到哪里去了。试着给正在发生的事情起个名

字。例如，如果你听到了声音，轻轻地对自己说"声音"，而不去探究是什么发出了声音，以免让自己的意识游走得更远。

好了，我们仔细听听现在房间里的声音，很近和很远的声音。每当你听到声音，不管是什么声音，轻轻对自己说出它的名字："声音。"现在，我们安静地听一会儿。每当你听到声音，轻轻对自己说出它的名称："声音。"然后，回到我们的呼吸上：吸气，呼气；吸气，呼气。【一个长停顿】

记住，每当你听到声音时，不需要追问那到底是什么声音，只轻轻对自己说出它的名字："声音。"然后，回到呼吸上来：吸气，呼气；吸气，呼气。

好的，现在关注你的呼吸，留心一下当下你的脑海中有什么想法，又有什么感受，轻轻地问自己："我现在感受如何？"【停顿10秒】我在关注身体的某个部位吗？【停顿20秒】我能注意到自己的意识在游离吗？【停顿20秒】

一旦你意识到自己游离在呼吸之外，就为自己正在做的事情起个名字，然后把意识带回来，带到呼吸上来。吸气，呼气；吸气，呼气。

当我们意识到脑海中某个想法和感受时，给这个想法和感受起个名字。对自己说出来，比如"幻想""思考"，然后回到呼吸上来：吸气，呼气；吸气，呼气。【停顿20秒】

现在，注意到你正坐着的椅子，注意你的脚在地板上，轻轻地移动手指和脚趾，然后慢慢睁开眼睛。你现在的感受如何？

刚才我们就是在做"静观"练习。其实不需要闭眼，我们也可以"静观"很多事。"静观"意味着你把全部注意力真正地集中在当下的每一件事情上。在生活中，我们也可以体验这种感觉，比如试试用"静观"的方法来刷牙或洗脸。

感谢你和我共度这段时光。

★听完音乐之后的回顾

与孩子一起探讨和回顾刚才的练习：

刚才你听到了什么声音？

当你听到声音的时候，对自己说出"声音"这个词难吗？还是很容易？

当你关注自己的感受时，你感受到了什么？

你把注意力集中在身体的哪个部位？

把意识带回到呼吸，难做到吗？

总结或者提出别的想法。

现在拿出"回顾笔记本"，告诉孩子这个特别的笔记本能够帮忙记住今天所学到的东西。你可以说：

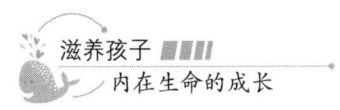

让我们把今天所学的内容通过绘画的形式记录下来。可以画下或写下这次"安静时光"里我们最喜欢的部分。

讨论可以让我们专注的其他方法,或我们需要在日常生活中专注做的事情。你可以问孩子:"在今晚睡觉前,你能专注地做什么事情呢?"他可能会说:"刷牙。"

最后,以敲钟的形式来结束本活动。重申规则:请保持沉默。你开始敲钟,然后停止。当孩子听不到钟声时,举手示意,活动结束。

感谢孩子与你共度这段特别时光。

敲响铃铛／钟。

★ 延伸到日常生活中

涂色对这个年龄段的孩子很有帮助,它可以起到安抚和镇静的作用。父母可以试着让孩子做一些涂色练习,通过练习培养孩子的专注力。

和孩子一起散步也是培养专注力的方法。你们一起安静地散步,只关注那些味道、声音和看到的风景。刚开始在大自然中散步,可以通过寻找某样东西来帮助孩子集中注意力。根据季节特点来确认主题,比如可以寻找蜘蛛和瓢虫等。在散步时保持安静,你们一起沉浸在和自然相处的世界里。

在日常生活的某个间歇做一次"静观"练习。比如吃完早饭到上学之前,父母可以和孩子一起度过片刻"安静时光",说出这天的一个小愿望。

平时和孩子的相处时,总会有一些琐事让父母苦恼或困惑,也因此让我们无法享受一段彼此的好时光。请在下一次孩子跑过来向你讲述他一天的经历时,让他坐在你的腿上。请停下来,给自己一份特别的礼物:和孩子一起沉浸在他的世界里,静观当下,去发现世界真正的样子。

★ 故事分享

做完本练习后,父母还可以和孩子一起阅读布莱恩·贝勒的绘本《人人都需要一块石头》(*Everybody Needs a Rock*)。作者揭示出"人人都需要一块石头"的原因,以及找到属于你自己的完美石头的原则。如果我们慢下来,并全神贯注地寻找,就能收获大自然给我们的礼物。

阅读之前,你可以告诉孩子:

我们来读一本书吧,它叫《人人都需要一块石头》,作者布莱恩·贝勒告诉我们为什么人人都需要一块石头,她让我们关注属于自己的特别的石头。她也指出,在决定它是否特别之前,你需要掂量此前捡过的所有石头。你决定去捡属于自己的石头了吗?你决定好什么时候去捡石头了吗?你是否

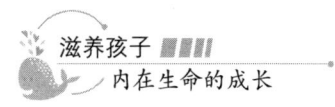

觉得那个特别的时刻已经到来？现在你在哪里？

一起大声读完这本书，父母和孩子可以讨论：

作者找寻自己的石头的方法是什么？你会通过什么方法找到它呢？

在读过这本书后，你们也许想一起出门散步，去找到自己的石头。散步的时候保持沉默，只有这样你们才能全神贯注，才会抓住找到自己的那块石头的机会。然后父母可以问孩子：

向我描述一下你的石头吧。为什么你觉得它对你最特别？是什么念头提示你这么做？

另一本好书是凯莉·李·麦克林创作的《冥想小猪猪》（*Peaceful Piggy Meditation*），作者以充满创意的方式描述了享受安静所带来的种种益处。你的孩子经过越多冥想练习，你们读起这本书来越会感同身受。

第五章
12 岁及以上儿童放松身体、集中意识的练习

用一个词语来形容青春期，那就是"变化"。青春期的孩子正在经历情绪、身体、智力和精神上的巨大变化。整个变化的核心是孩子的自我意识显现，他认为自己已是成人而非孩子。这种变化是成长过程中正常的也是重要的部分，父母需要对此好好定义，而非简单地理解为孩子进入了"叛逆期"，视之为亲子关系的压力期。实际上，没有一个时期会像青春期一样充满了机会、期望和各种可能性。

青春期的孩子会从生活中接收很多压力源。同时身体的发育变化也让他们手足无措。他们特别在意别人的评价，尤其是来自同伴的、不那么友好的评价。

进一步说，青春期的孩子会用不切实际的理想主义标准来衡量和评价自己的表现和结果。此外，这种陷入自我同一性①的困惑经常促使孩子去尝试一些与成人行为相关的冒险活动，只是他们往往没办法完全理解行为所带来的后果。

青春期孩子的情绪就像坐过山车一样，波动起伏非常大，帮助他们获得平静显得尤为重要。此外他们也需要集中注意力和平衡情绪的能力。这个年龄段的孩子特别需要身体放松，我们的文化和学校制度却让他们长时间坐在教室里，这就是矛盾所在。

青少年更希望生活在同龄人的世界里，虽然他们会把父母推出自己的世界，但是，他们仍然渴望得到父母的指引和理解，并帮助他们度过这段躁动不安的时期。他们也需要时间和空间进行自我反思，探寻内心世界和心底的渴求，从而明确生活目标和自我价值。这些都是青春期发展最本质的内容。父母和孩子分享平静自我的策略和方法，以及在整个过程中的耐心陪伴和指引，有助于帮助他们获得重要的技能，缓解他们在生活中直面的压力。

你应该了解的 12 岁以上的孩子

青少年对于和成年人相关的自主权有强烈的需求，他们需

---

① "自我同一性"是心理学家埃里克森关于儿童发展理论的一个核心概念。他提出，"自我同一性"是指人对自我一致性或连续性的感知，常常出现在青少年的后期，它是青春期个体发展所面临的核心问题，反映了个体在此过程中所遇到的矛盾与冲突。

要清晰的理由和明确的动机说服自己参与这个练习，而非听从父母的安排。

因此，父母可以先和孩子讨论练习的益处，比如可以帮助他提高社交技巧、增强自信心等。父母可以先做表率，把这个练习引入家庭并成为常规，再邀请孩子与你一起听音乐练习。父母需要做的仅仅是建议孩子去尝试，然后继续执行就好，自然会收到效果。

鉴于这个年龄段的孩子自尊心非常强，父母需要给他们足够的时间、机会和支持去帮助他们掌握这些技巧。他们获得自信心的关键是学会新东西。因此，父母需要找出能让他获得成就感的部分，否则他会认为这件事不值得做，因而拒绝或放弃练习。

这个年龄段的孩子需要强烈的同龄归属感。如果你的孩子愿意尝试，你也可以建议他邀请一个好友加入练习。

这个年龄段的孩子拥有敏感的雷达，专门挑剔成人的"伪善"。你要能将练习中的技巧融入日常生活，他们才会积极地回应你。同时，他们需要自行判断是否去尝试练习，而非来自别人的劝说。

因为青少年非常在意自己的生理变化（这也在很大程度上影响到他们的自尊心），请不要给予"调整身姿""保持身材"以及"压力会影响外表"的建议，即使你认为自己的意见很有帮助，也请不要这么直接。

相反，父母可以给孩子更多时间来进行自我体验，分享你练习时的感受反而可能增加这项练习对他们的吸引力。

通过给予孩子足够的隐私、空间以及自主权，父母可以更好地帮助孩子。本章练习一最后的"减压魔典"可以有效地扩展孩子的其他能力。

青少年更愿意通过一些仪式来确认他们独立的成长，这可能会一直过渡到成人阶段。因此，有些简单的方法可以帮助他们确认自我：例如进行一次特别的与大自然接触的旅行，有助于让孩子感受到自己掌握的技能完全被内化，让他意识到自己可以完全照顾好自己了。同时，青少年通常愿意做领导者和问题解决者，因此让他们辅导更小的孩子，有助于他们自身能力的提升，如果家中有不同年龄的孩子就更好了。

练习一　进入放松状态：渐进式肌肉放松

在这个部分，你将与孩子一起约定在安静时段平静意识、放松身体。孩子能感受到身体放松和紧张这两种状态的截然不同，更好地理解身体的"对抗、逃避和冻结"反应。然后，你们将学习两种释放身体压力的方法：深度腹式呼吸法和渐进式肌肉放松法。在解释腹式呼吸法时，我们可以用气球做比

喻，让孩子直观地了解其原理，也可以用"处于压力下的身体反应检查表"来让孩子了解自己的压力水平。最后，在音乐的引导下，和孩子一起进行"渐进式肌肉放松"练习，最后让孩子通过创作"回顾笔记"，用绘画、文字或冥想等方式探讨对这些练习的体验和感受。

曲目5
12岁及以上肌肉放松练习

● **聆听音乐之前的准备**

材料准备：

1. 铃铛/钟；
2. 气球；
3. "处于压力下的身体反应检查表"；
4. 本书；
5. 扫描二维码，下载音乐；
6. 笔记本：你与孩子每人一本；
7. 宁静的时段和地点：与孩子在一起，有一个可以舒服躺下的空间。

所需时间：35分钟

 青少年将要学会的概念和技巧：

1. 感受到身体放松和紧张的不同状态；
2. 通过深度腹式呼吸，学会放松身体；

3. 了解压力的定义：身体对应急事件的反应；

4. 了解哪些事情会启动身体的应急机制；

5. 通过渐进式收紧和放松不同部位的肌肉，体验身体放松的感觉。

注意事项：

1. 深度腹式呼吸是释放压力和紧张的最佳和最方便的方法；

2. 通过渐进式收紧和放松肌肉体验放松身体时，一定要注意让身体每个部位保持几秒钟的紧张感，然后迅速放松紧张的肌肉，而非逐步放松。

★ STEP 1　你可以这样开始

告诉孩子，你们将在本书和音乐的伴随下，一起学点新东西。

你可以这样说：

在过去几周，我一直在听一种音乐，它让我学到一种新的方法，让自己平静下来，更好地处理压力。我想知道你是否也有这个需要，我们一起试试吧。【你也可以问问孩子是否愿意邀请朋友一起加入】

我发现学习如何在需要时做到"放松身体"和"平静意识"是多么重要，真希望当年我就能掌握这种技巧。科学

家们已经发现,感知压力并能够管理压力对人类健康非常重要,越早学会应对压力对我们益处越大。如果我们善于管理压力,就可以提高注意力,更集中精神,更容易记住想要知道的事情。在考试的时候,这点很重要。学会管理压力,还能让我们做出更好的觉察,更具有创造力,也更健康快乐。

所以,你愿意和我尝试一下吗?为了能更好地聆听音乐,我们可以先大致了解一下练习内容,然后再跟随音乐练习,最后我们需要做一点回顾。希望我们可以一起度过这段特别的"安静时光",以后我们大概一周可以做两次。在尝试过后,你就会知道感觉如何,是否要继续下去了。

父母可以告诉孩子,在开始这个"安静时光"之前,你们需要沉默片刻。你敲一下铃铛,让孩子聆听和沉默,直到他听不到铃铛声,就举手示意。在这个过程中你们必须要保持耐心,特别是如果孩子平时不太习惯保持沉默的话。他需要花点时间来调整和适应沉默。

让孩子想想过去几天里让他感到心烦和有压力的事情。

你可以这样说:

现在我们想想,在过去几天里,某件事情让你觉得非常有压力。你有些心烦,也许是担心、生气、恐惧或者不安。它可能是让你心烦的某个人，或者是某种情形，比如考试让你觉得心烦、有压力；又或者在某个地方，比如在拥挤的地铁和公交车上。【停顿一会儿】你能想出这样的事情吗？你当时在什么地方？和谁在一起？发生了什么？【和孩子一起讨论，分享你感受到的有压力的某段时间】

参考以下"处于压力下的身体反应检查表"，讨论压力如何作用于身体。现在，回想我们处于压力下时，身体有什么感受。检查表上的感受你经历过吗？

在给孩子展示"处于压力下的身体反应检查表"之前，父母先和孩子一起回想一下身体感受到压力时的症状，然后把这些症状合并到检查表之中。注意哪些是检查表里有的，哪些是你们想出来的。

参照填写结果来讨论压力对于身体的影响。你可以说：

现在，想想身处压力的那段时间，你的身体有什么感受。检查表上的感受，你经历过吗？

压力下的身体反应检查表
☐ 神经质
☐ 坐立不安
☐ 呼吸加速
☐ 双手发抖
☐ 双脚发冷
☐ 心跳加速
☐ 胸口发闷
☐ 容易生气
☐ 对小事闷闷不乐或担心
☐ 容易哭泣
☐ 嘴巴发干
☐ 肌肉紧张
☐ 反胃
☐ 出汗
☐ 难以入睡
☐ 其他

我们每个人对于压力的反应都是不尽相同的。每个人对压力的生理反应有自己的特点，平时我们可能注意不到。当然，困扰我们、让我们感到压力的事情也是不同的。

让孩子理解形成压力的原因。压力是触发了身体的反应机制，从而产生生理反应时才形成的。你可以这样解释：

压力是发生在我们身上的反应和结果。引起压力的事件有可能是人、地点、事情，但这些本身不是压力，而是"触发压力的事件"。它们触发了身体的"对抗、逃避和冻结"反应机制。让我们首先想想，生活中常常触发压力的事件是什么？也就是哪些情况、事情会让你觉得心烦意乱？

父母可以先自行举例，然后和孩子一起讨论。

★ STEP 2　向孩子解释"对抗、逃避和冻结"反应

向孩子解释为什么我们在感受压力的时候，身体会有这三种自动反应方式。

人类在感到某种紧急情况将发生时，不管愿不愿意，也不管它是否就是一个真正的"紧急状况"，我们的身体会自动有反应方式，这就是"对抗、逃避和冻结"反应。这三种反应是自动发生的。什么叫作"自动发生"呢？【停下来讨论】

是的，它的意思就是我们没有打算让它发生，它就自己发生了。这是一个本能反应。

想象一下，有一天你在森林里散步，突然听到一个声音。然后你突然看到一只黑熊盯着你！想象整个画面，你能想到哪些事情进入你的身体和意识？【停下来讨论】

你的心跳加速，从而让肌肉获得更多氧气，这可以让你立

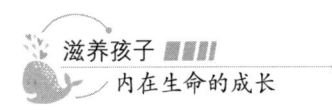

即采取行动。你可能会感到头晕、出汗。这些反应都是因为你的脑海中只有两个字:"危险!"这些反应会让你马上做出选择:反抗或逃跑!另外,也有一种可能性,你由于受到巨大的惊吓而呆滞不动,让自己隐匿在树林中以躲避危险。总而言之,身体的这些反应在这种情况下能够帮助人类快速做出决策,成功脱险。因此,"对抗、逃避和冻结"是人类进化过程中必要的身体反应。

在日常生活中,这种机制也会被普遍启动,比如你在绿灯状态下过马路时,突然有辆车没能停下,你必须马上闪开不被其撞到,这种情况下,"对抗、逃避和冻结"反应可以挽救我们的生命。

但是,更多时候,身体感受到的很多紧急事件其实是"假警告",比如让我们感到的压力。我们的身体还没有真正辨识紧急事件和"假警告"之前,已经做好了应急准备。久而久之,"假警告"越多,我们的身体也越多地处于"对抗、逃避和冻结"的反应中,这样就对身体造成了越多的伤害。学习放松身体和平静意识就是要解除身体对"假警告"的反应,消除压力对身体的伤害。

例如,学习中的有些情况就是"假警告",如果我们能接触它,理解它,就可以更好地控制自己的情绪,更好地应对突如其来的状况。

★ STEP 3　腹式呼吸法介绍

告诉孩子有意识地觉察自我的呼吸方式可以帮助他在心烦时保持平静，放松身体。

放松方法之一就是学会做深呼吸。因为呼吸是每时每刻都进行着的、与生俱来的，我们往往不会对之有太多关注，也就没办法意识到自己是否在进行深呼吸。深呼吸能够给大脑提供更多氧气，帮助我们拥有更多能量、更清晰的思路以及更健康的身体。关注呼吸并能调整自如，有助于释放身体的压力，管理情绪。让孩子仔细观察一下自己是如何呼吸的，并按照下面的练习来调整，最终学会腹式呼吸。

告诉孩子，你们将一起探索呼吸是怎样进行的。你可以这样说：

我们往往忽略呼吸的作用，但每次呼吸都是让我们达到放松的方式。很多时候，我们没有关注呼吸，也不了解自己呼吸的深浅程度。我们一起来探索一下平时的呼吸是怎样进行的吧。【停顿一下，一起体验一两个呼吸】

与孩子讨论：

当你吸气时，你是通过鼻子还是嘴巴来动作的？你的胸部是否变得越来越大？你身体的其他部位有上升吗？在你呼气

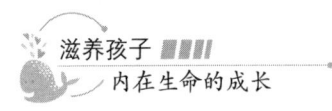

时，注意一下你身体的哪个部位在活动。

我们平时的呼吸一般是胸式呼吸，也就是胸部参与了整个呼吸过程。而腹式呼吸区别于胸式呼吸的关键就是胸部和腹部都参与了呼吸过程。腹式呼吸是最为深长的呼吸方式。生活中我们很多时候会出现屏气的情况，这时的呼吸就更浅了。让我们来回忆一下什么时候我们会屏气呢？【讨论一下屏气的情形】

实际上，每天都会有些事情干扰我们呼吸，让人无法进行足够深的呼吸。特别是在心烦意乱、承受压力的时候，我们的呼吸无法充满肺部，也无法给身体提供足够的氧气以保持健康。

【拿出一个充了1/4气的气球】

下面，我用这个气球来代表我们的肺。

当我们没能做到深呼吸时，也就是说仅仅做了胸部运动，那么我们的肺部也只填充了1/4的空气，就像这个气球一样。如果我们做了深呼吸，那么肺部就充满了空气，就像把这个气球充满一样。【同时把气球充满】此时我们的腹部鼓起来，充足的空气让整个身体能更好地工作。同理，让肺里的空气完全呼出也很重要。深呼吸保证了我们的身体健康，也让身体得到很好的放松。

向孩子解释，每次在吸气时，吸入越多氧气，就越能让身体保持健康，获得越充分的能量。呼气也是同样道理，当我们呼气时，二氧化碳随即被释放出去，越多地释放二氧化碳，就越能保证我们的身体健康，从而形成一个良性循环。

如果我们的身体承受太多压力，就会呼吸得很浅，这样不利于氧气的吸入和二氧化碳的释放了。

现在，我们一起试着做一个深呼吸：

我们先吸一口气，把双手放在腹部，看一看腹部是否在吸气的时候鼓起来，在呼气的时候落下去。准备好了吗？吸气，1、2、3、4、5；呼气，1、2、3、4、5。

当我们深呼吸时，不仅胸部起伏，我们的腹部也在起伏。

这种方法叫作"腹式呼吸"，也叫作 "横膈膜式呼吸"。横膈膜是隔离肺和其下部位的一块肌肉组织。它是一层薄的肌纤维，能向前后及两侧扩张，形成一个像圆屋顶的形状。当我们做腹式呼吸时，其实是用横膈膜来为肺部提供更多空间，这样才能容纳更多空气。

让我们再来尝试一次。吸气，1、2、3、4、5；呼气，1、2、3、4、5。

多重复几次腹式呼吸，直到孩子真正熟悉腹式呼吸。父母也可以把手放在孩子的肚子上，去协助他找到腹式呼吸的感觉。

滋养孩子
内在生命的成长

★ **STEP 4　聆听（本练习是音频中的曲目5）**

（准备好音乐，为下一步活动做准备）

现在，让孩子慢慢站起来，告诉他你们将听着音频中的声音，体验身体放松。你可以说：

好了，让我们一起来听一段音乐，度过一段特别的时光。音乐会帮助我们平静意识，放松身体的各个部位。

你会感到身体正变得很放松，而你的意识也集中到一些事情上，发现自己越来越平静。今天所学的方法可以在我们觉得恐慌和焦虑时使用。练习得越多，我们就越容易在需要的时候变得更平静、更放松。准备好了吗？我会陪伴你一起做这个练习。

让我们一起重新躺下。音乐会指导我们慢慢关注身体的不同部位，我们先收紧身体中的紧张部位，保持一段时间，然后迅速放松那个部位。在快结束之前，音乐中的指导语会让我们再次调整身体，将注意力关注于身体那个部位，仅仅用意识释放身体压力。现在我们先舒服地躺下。

开始播放音乐。

开始放松：渐进式肌肉放松练习

今天，我们要学习一种"放松身体，平静意识"的方法。

现在进行的练习会用到收紧和放松身体不同的肌肉群。这让我们更深入地了解自己：哪些部位感觉最放松，哪些部位最紧张。这个练习让我们学会如何放松身体的每个部位，在必要的时候，这种方法可以缓解紧张。这叫作"渐进式肌肉放松"法，也称为"身体扫描"。

做完了收紧和放松的练习后，我们将再一次观察自己的身体，了解身体的感觉，将意识关注到身体每个部位，就像为身体做扫描一样。

让我们舒服地躺在地板上，脱掉鞋子，把背贴在地上，把手臂放在身体的两侧，脚向前伸展。让我们开始放松，现在请轻轻地闭上眼睛。

让我们先缓慢地做深呼吸。吸气的时候，感觉到你的胸部和腹部隆起，呼气时，腹部收起，对自己说："放松。"吸气，1、2、3、4、5；呼气，放松，1、2、3、4、5。再来一次，吸气，1、2、3、4、5；呼气，放松，1、2、3、4、5。

尽可能地关注我的声音，注意我所说的内容，你会越来越放松。

把注意力放在我的声音上，注意我说的内容，你感觉会越来越放松。如果你是第一次做这个练习，你会觉得保持不动有点困难。别着急，这是很自然的。多练几次，你就会习惯，感觉越来越容易保持平静。

现在,想象一下,你的右手有一块柔软的橡皮泥。用最大的力气来挤压它,让我们的整个右臂都紧张起来,挤压,挤压,挤压,挤压,感受到你右臂和右手都很紧张。

然后,快速松开你的右手,让橡皮泥掉到地板上,感觉到你右手和右臂完全放松。我数到10,你的右手和右臂完全放松,1、2、3、4、5、6、7、8、9、10。感受到你右手和右臂完全放松,非常温暖。

现在,我们来把注意力放在左手和左臂上,做同样的运动。想象一下,你的左手有一块柔软的橡皮泥。用最大的力气来挤压它,让我们的整个左臂都紧张起来,挤压,挤压,挤压,挤压,感受到你左臂和左手都很紧张。

然后,快速松开你的左手,让橡皮泥掉到地板上,感觉到你左手和左臂完全放松。我数到10,你的左手和左臂完全放松,1、2、3、4、5、6、7、8、9、10。感受到你右手和右臂完全放松,非常温暖。太好了,我们的双臂和双手都很放松了。

现在,我们把注意力放在脖子和肩膀上,把肩膀靠向耳朵,让肩膀和脖子紧张起来。我数到5,坚持一下,1、2、3、4、5。放松,我数到10,把肩膀放下来,让脖子和肩膀放松,1、

2、3、4、5、6、7、8、9、10。感受到肩膀和脖子完全放松。太好了，我们的肩膀和脖子都很放松了。

现在，把注意力集中到头和脸，我们试着把脸上的所有肌肉都紧张起来。尽可能把眼睛闭上，皱起你的鼻子和前额，使劲咬牙，保持这种紧张状态，直到我数到5，1、2、3、4、5。

然后放松，让整个面部和头部都放松起来。眼睛还是轻轻闭上，放松你的前额、鼻子和嘴巴，直到我慢慢数到10，1、2、3、4、5、6、7、8、9、10。感受一下你的面部和头部非常放松。非常好！你的头部和面部非常放松。

下一步，请把注意力放到胸部，做一个深呼吸，让你的肺部充满了空气，屏住呼吸，放松，呼气，继续缓慢地深呼吸，让你的胸部很放松。

下面，我们要做腹部和身体下半部分的练习。现在，收紧腹部，让它尽可能去找背部，让身体整个下半部分紧张起来，尽可能保持腹部的紧张，直到我数到5，1、2、3、4、5。然后放松，让腹部和周围的肌肉变得柔软而放松。继续放松，直到我数到10，1、2、3、4、5、6、7、8、9、10。很好，我们身体的下半部分很放松了。

接下来，我们来进行腿和脚的练习。先把右腿和右脚紧绷

起来，尽可能地收紧，绷紧脚尖，让脚趾弯曲去触碰脚底。保持右腿和右脚紧绷。坚持住，1、2、3、4、5、6、7、8、9、10。然后，放松右腿和右脚，感受一下右腿和右脚是多么放松。

现在，左腿和左脚也做同样的练习。先把左腿和左脚紧绷起来，尽可能地收紧，绷紧脚尖，让脚趾弯曲去触碰脚底。保持左腿和左脚紧绷。坚持住，1、2、3、4、5、6、7、8、9、10。然后，放松左腿和左脚，感受一下左腿和左脚是多么放松。非常好，我们的双腿和双脚现在都很放松了。

好，我们现在进行最后一次收紧，我数到3时，收紧你整个身体。准备好了吗？1、2、3，收紧你整个身体，保持住，收紧，收紧，收紧，然后完全放松。让整个身体放松下来，就像融化在地板上一样，你感受到一股暖流遍布全身，让最后一点压力离开身体。我们能感觉整个身体非常放松，非常温暖。

现在，我们来做一次"身体扫描"，觉察一下身体哪些部位感觉紧张或不舒服。首先，我们注意一下自己的呼吸。感觉我们用腹式呼吸获得了足够的氧气，并释放了大量的二氧化碳。下面，我每说一个部位，你就对这个部位关注一小会儿。

从脚开始，关注你脚上发生的事情。脚是否有任何紧张的感觉？如果觉得有些紧张，就静静地、轻轻地让它放松，把紧张释放出去。

现在关注你的腿，关注你腿上发生的事情。腿是否有任何紧张的感觉？如果觉得有些紧张，就静静地、轻轻地让它放松，把紧张释放出去。

关注你的腹部，关注你腹部发生的事情。腹部是否有任何紧张的感觉？如果觉得有些紧张，就静静地、轻轻地让它放松，把紧张释放出去。

把注意力放在你的胸部，你的胸部是否有任何紧张的感觉？如果觉得有些紧张，就静静地、轻轻地让它放松，把紧张释放出去。

把注意力放在你的背部，你的背部是否有任何紧张的感觉？让它放松，把紧张释放出去。

把注意力放在你的肩膀，你的肩膀是否有任何紧张的感觉？让它放松，把紧张释放出去。

把注意力放在你的脖子上，你的脖子是否有任何紧张的感觉？让它放松，把紧张释放出去。

把注意力放在你的脸上，你的脸是否有任何紧张的感觉？放松，把紧张释放出去。

把注意力放在你整个头部，你的头部是否有任何紧张的感觉？放松，把紧张释放出去。

扫描你的整个身体，从脚尖到头顶。关注你身体任何部

位的一丝紧张,然后将注意力放在那个部位,静静地、轻轻地让它们放松。用意识来扫描身体,从头开始,一直到脚趾,注意你的感受。

现在,慢慢开始聆听房间里的声音,感受身体下的地板。

现在,轻轻摆动你的脚趾,活动一下手指,让身体做一个很大、很舒服的伸展。慢慢向右转身,把头靠在右臂上,慢慢推右手起身。让我们慢慢坐起来,再一次感受到身体的放松。

再做一次腹式呼吸,吸气,吸气,再吸气;然后呼气,呼气,再呼气。我们自己做一遍。呼吸之间,你能感受到通过呼吸我们的身体进一步放松。以后,每当我们感到不安和紧张时,都可以用这个方法对身体扫描,然后告诉自己:"放松,把紧张释放出去。"

感谢你和我一起进行这个练习。

★听完音乐之后的回顾

让我们和孩子一起探索和回顾整个"渐进式肌肉放松"练习过程中的所想所感。

你现在有怎样的感受?双臂感受如何?腿的感受如何?把双手分别放在胸口和腹部,感受自己的呼吸,你觉得身体哪些部位比较容易放松？身体哪些部位比较难放松？

约定下一个一起做"渐进式肌肉放松"的时间。

引入"回顾笔记"，即用绘画和写作的方式来记录你们在"安静时光"中的所思所感。

父母可以这样和孩子沟通：

把我们的体验画下来或写下来，可以帮助我们记住刚才的练习。所以，每次练习后，我们都要把感受记录下来，可以用各种方式来装饰我们的笔记。例如，今天我们就以"身体放松"为主题创作一幅画。想想我们可以用哪种颜色来表达身体平静和放松时的感受？你想到哪种颜色呢？

完成笔记后，如果孩子愿意的话，父母可以提议分享彼此的所写所画。你可以告诉孩子，以后每周会有这种"安静时光"，大家一起做些活动，听听音乐。你可以这样说：

练习后，我们一起来讨论练习中发生的事情和感受，并在笔记本中画下或写下来。下一个练习会更侧重训练我们的意识活动，你愿意再试试吗？我们来约定下次共享"安静时光"的日期吧。

最后，和活动开始时一样，父母摇铃或用敲钟的方式来结束这段"安静时光"。父母在摇铃或敲钟前重申规则：请保持沉默。然后父母开始摇铃或敲钟，示意停止练习。铃（钟）声落下，当孩子听不到回音时，举手示意，活动结束。

敲响铃铛/钟。

★延伸到日常生活中

参考第二章的第五个指导原则：把练习融入日常事务中，形成新的"常规"有助于巩固和强化所学。例如，你可以把包含本书音频的播放工具放在你家的"安静角"，这样孩子在需要时候就可以拿出来听。

此外，你们也可以采用一些另辟蹊径的方法。

使用"减压魔典"

这个年龄段的孩子已经可以区分压力状态的反应和触发压力的事件了。压力反应可以直接引发心理压力，你可能还在探究压力来自何处，你的孩子却可能比你认识得更深刻，并知道不同的人有不同的反应了。压力缓解机制可以帮助人们很好地释放压力，你可以参见我们设计的"减压魔典"，你可以和孩子大声读出其中的点子。你们也可以创造自己的"减压魔典"，然后，你们有可能每周都会涌现出新奇的减压创意。

减压魔典

- ◆ 积极地与自我对话。当你需要平静下来时,提醒自己所发生的事情并不是真正的紧急状况。你要加强积极的心理暗示,比如说:"来做一个深呼吸,我可以应付。"
- ◆ 洗一个泡泡澡或淋浴。
- ◆ 每天在一个固定时间阅读自己喜欢的书。
- ◆ 听一首喜欢的歌曲。
- ◆ 画画、涂鸦或手工制作。
- ◆ 散步。
- ◆ 运动,做一会儿瑜伽,或跳舞。
- ◆ 拥抱大自然,看看白云,闻闻花香,听听鸟叫。
- ◆ 烹饪或烘焙你喜欢的食物。
- ◆ 看一部励志或有趣的电影。
- ◆ 抱抱自己心爱的宠物或带宠物遛弯。
- ◆ 学会说"不",拒绝你不感兴趣也没有时间去做的事情。
- ◆ 做一些重复的运动,例如跳绳、跑步等。
- ◆ 做一些园艺。
- ◆ 玩有难度的拼图游戏。
- ◆ 大声歌唱。
- ◆ 使用耳塞来减少周围噪音对你的干扰。
- ◆ 在脑海里设想海滩等可以带给你平静的地方,想象自己在那里。
- ◆ 写日记、写信给自己,激励自己。
- ◆ 做深呼吸,吸气时慢慢数5下,呼气时也数5下。重复7次以上,直到感觉放松。
- ◆ 骑自行车。
- ◆ 游泳。

- ◆ 抽时间练习音乐指导的练习。
- ◆ 看笑话书,并放声大笑。
- ◆ 和好朋友在一起。
- ◆ 参加一项集体运动。
- ◆ 培养一项兴趣爱好,定期实践。
- ◆ 与值得信任的成年人在一起共度一段美好时光。
- ◆ 和同龄人一起玩耍。
- ◆ 做一个感谢清单,列出你觉得生命中值得感谢的事情。
- ◆ 做志愿者或参加一些公益活动,表达你对世界的爱与关心。
- ◆ 其他方法。

使用"忧虑盒子"

如果你的孩子容易忧虑,那么你们可以准备一个"忧虑盒子"。在孩子晚上睡觉之前,问问他有什么忧心的事,让他写下来,放进这个盒子里。(如果孩子不愿意张扬自己的忧虑,父母也不必强求。)他可以定期打开(比如一个月一次),读一读曾经的"忧虑",他也可以谈谈或记录当下对那些"忧虑"的感觉。如果感觉忧虑不再,他也可以撕毁这些纸条,清空盒子。父母也可以考虑为自己创建一个"忧虑盒子",并和孩子商榷是否分享盒子里的纸条,以及能分享多少。父母和孩子可以安静地阅读和处理这些纸条,只在感觉没有负担的时候彼此分享,或见证对方撕毁纸条,清空"忧虑"。

张贴座右铭

可以在孩子的房间里张贴一些鼓舞人心的座右铭，或让他写成纸条随身携带，每天读一读，就像这样的：

首先要做真实的自己——威廉·莎士比亚

如果有勇气追寻，所有梦想都可以成真。——瓦尔特·迪士尼

10%的生活在于如何塑造，而90%的生活在于如何对待。——欧文·柏林

制作雷达图

请孩子制作雷达图：在一张白纸上画上一个圆圈，把圆分成六等份，每个部分标上学校、健康、家庭、朋友、帮助他人和放松，选择你对这个部分的满意度（0~5分，0分表示非常不满意，5分表示特别满意），然后把线段连接起来，见图5-1。看看这张图是否平衡，它能体现你生活的平衡度。

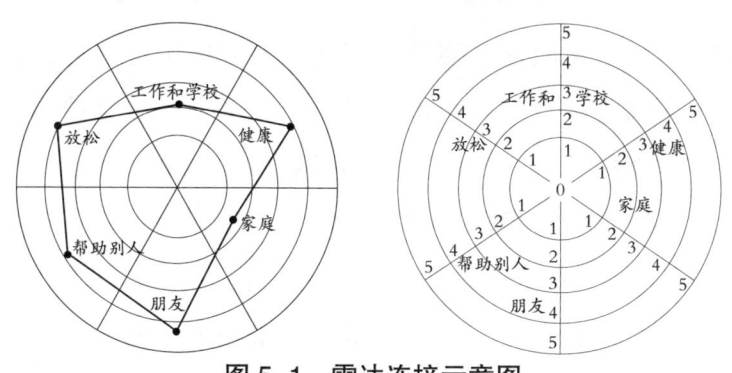

图5-1 雷达连接示意图

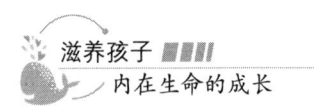

此外,你们还可以用其他方法来代替"忧虑盒子"。比如在和孩子道晚安的时候养成一个习惯:为白天的忧虑取个名字,然后通过紧握和放松拳头的方式一个个把它们释放出去。结束时,再一起分享这一天中感觉美好的瞬间。

当你在开车或者旅行时,或和孩子待在某个狭小空间时,你们可以进行简短的"渐进式肌肉放松"练习,用一些简短的词语做提示。例如:"手:收紧—放松;腿和脚:收紧—放松;腹部:收紧－放松"等。

练习二　集中注意力:静观

在这个环节,父母首先向孩子介绍什么是"静观",它指的是以呼吸为专注点,平静、专注自我注意力的练习。静观练习要求练习者不带评判地、安静地关注当下发生的事情。这个练习可以帮助孩子调动所有注意力,集中于简单的日常活动或者高度挑战中。在本练习中,孩子会通过全神贯注地咀嚼橙子直接体验"专注"和"感受当下"是怎样的。音乐中有引导孩子体验"静观"的练习,让孩子以呼吸为"锚"(或者说中心点),体验将游离的意识带回来。然后,你们可以讨论集中注意力的方法,在笔记本上记录下来,把集中注意力的方法运用到日常生活中。

● **聆听音乐之前的准备**

曲目6
12岁及以上的静观练习

材料准备：

1. 铃铛／钟；

2. 尺寸一样、封面光滑的两本书；

3. 每人一把椅子；

4. 每人一个橙子，或其他水果、纸巾；

5. 一个带盖子的托盘，上面放上大约15件日常用品，如钥匙、剪刀、一块钱硬币、文件架子等（物品之间应该留有空间，确保它们能被清楚地看到）；

6. 定时器；

7. 本书；

8. 扫描二维码，下载音乐；

9. 一人一个笔记本、笔、蜡笔和水彩笔。

所需时间：30分钟

孩子将学会的概念和技巧：

1. 清楚理解"静观"的含义：觉察正在发生的事情；

2. 通过关注呼吸来平静意识，将游离的意识带回来；

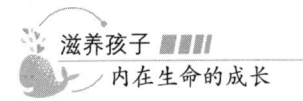
滋养孩子
内在生命的成长

> 3. 通过运用其他感知觉来觉察每时每刻发生的事情；
>
> 4. 采取方法应对外界干扰。

需要记住：

1. 在静观过程中发生的任何想法、情绪和感觉都不是分散注意力的表现，不要去评价，而要悦纳，让它们成为个人体验的一部分；

2. 孩子将学习如何将呼吸当作"锚"，在意识像一艘小船漂浮和游离时，他们可以通过呼吸将意识带回当下；

3. 在静观练习中，用一些简单词如"听到""想到""感受到"来标记脑海中来来回回的想法。给自己的想法取名字，这样有助于感受自己的意识在哪里，并把意识重新带回到呼吸上来；

4. 静观是冥想的一种形式，也可以成为日常生活中的一种习惯。例如，我们可以在每天的生活中进行静观练习，刷牙、穿衣或吃饭时，集中注意力、全身心地投入一件事就是在静观。

★ STEP 1　你可以这样开始

本环节通过两个小游戏让孩子体会到什么是静观。告诉孩子这个活动有助于平静意识。我们在意识平静时可以更专注地做需要完成的事情。

提醒孩子，每个环节都会用沉默片刻开始。当你摇铃或敲钟时，孩子就闭上眼睛，直到听不到铃声或钟声时再举手示意。

开始摇铃或敲钟。

今天我想尝试另一种"保持平静"的方法，它叫作"静观"。这个词听着很深奥，其实就是让人感觉到当下所感所想，然后把注意力放在正在做的事情上，不需要做任何评价和判断。很多时候，我们并没有全身心地关注正在做的事情，我们会经常走神。学习"静观"能让我们全身心地投入，从而提高我们的专注力，能够更好地集中精神，学习新事物。

我们通常会认为自己记住了某件事，但实际并非如此。只有把注意力集中在当下，我们才可以真正地记住。

你可以这样要求：

处于"静观"时，我们要全身心投入，即使在日常生活中也要注意每一个细节。今天的练习会让我们体会这种感觉。这可以帮助我们提高专注力，更好地集中意识，免受干扰。

★ STEP 2　活动之两个小挑战游戏

你可以告诉孩子你们将玩两个具有挑战的游戏。两个游戏都要求你们必须专注才能成功。

第一个游戏：将装有15件日常用品的托盘用盖子盖好，

向孩子说明规则：

我马上给你展示托盘里的东西，但只有1分钟的时间。你要仔细观察托盘里有几件物品，它们分别是什么。在此期间，你不能触碰它们，也不能用笔来记，或者拍照。1分钟结束后，我会用铃声提醒你，然后盖上托盘。你要尽可能多记几个。

可以玩两遍游戏。父母记录孩子第一次挑战答对的物品，鼓励他接着尝试。也可以在游戏期间讨论如何更好地接受挑战，有没有什么方法或规律帮助记忆。

游戏完成后，父母和孩子一起讨论。

保持注意力集中是怎样的感受？对你来说有难度吗？困难在哪里？

父母最后总结本活动：

专注能让我们全身心地投入到一件事情上。这个活动让我们把所有注意力都放在托盘里的物品上，这需要我们全神贯注。生活中有很多事也需要我们全神贯注才能完成。因此，保持专注力非常重要。专注力是可以训练出来的，在下面的活动中，让我们继续感受专注。

★ STEP 3　活动之品尝食物

再来专注地品尝食物。

父母可以告诉孩子接下来要做的依然需要集中注意力。将定时器定为3分钟，你和孩子开始慢慢地吃橘子，你们要非常慢，先摸一摸橙子，再闻一闻，慢慢地剥皮，最后咬上几口，留意嘴里的味道和舌头的感觉，然后慢慢地咀嚼。再咬一口，再咀嚼。提醒孩子，整个过程就像慢动作一样，为了让自己感受什么是"专注地吃"。

整个活动持续3分钟，并在其间保持沉默。

然后一起分享：

你有怎样的感受？和以前吃橘子有什么不同之处？你注意到了什么？这个过程简单还是容易呢？为什么？

父母也可以分享自己的感受和发现。

★ STEP 4　聆听（本练习是音频中的曲目6）

准备好音乐，为下一个环节做准备。

介绍"集中注意力：静观"练习，这段旅程将在音乐的带领下进行。

通过刚才的活动，我们已经体验了专注的感觉。现在，让

我们来听一听音乐,跟着其中的指导语"放松身体,平静意识"。当我们专注地聆听时,我们要关注每时每刻的所感所想,并用呼吸来帮助自己集中注意力。让我们坐在椅子上,脚放在地面上,手放在腿上。开始吧!

开始播放音乐。

开始放松,进行"集中注意力:静观"练习

让我们一起度过这段特别的安静时光。

我们将把所有注意力都放在此时此刻正在发生的事情上,来练习集中注意力,这就是"静观"。感知你的内在和外在发生了什么,不做评价,也不为此担忧。我们慢慢闭上眼睛,把注意力集中在呼吸上。

呼吸就像是泊船时的"锚",它把船固定在某个地方,保证船的安全,避免船被大海漂走。你的思想和感受就像小船一样,会漂向各个方向,但是你的呼吸总可以像"锚"一样,把注意力带回当下。

让我们先舒服地坐在椅子上,脚放在地面上,手放在大腿上,把头抬起来。想象一下,你仿佛正被一个飘浮的气球轻轻地举起来。深呼吸,尽量为腹部多吸入一点空气。吸气,1、2、3、4,然后慢慢地呼出,1、2、3、4,非常好。

现在,你轻轻地闭上眼睛,再来一次深呼吸。正常的呼吸,关注你是用哪里吸气的:是嘴巴还是鼻子?在吸气时,注意你的胸和腹部正在慢慢变大；呼气时，你的胸和腹部正在慢慢变小。

吸气【停顿5秒钟】，然后呼气【停顿5秒钟】，吸气【停顿5秒钟】，然后呼气【停顿5秒钟】。吸气，做一个深吸气，让氧气充满你的胸部和腹部；然后，呼气，呼出二氧化碳，感觉你的胸部和腹部在收缩。保持正常呼吸，吸气时，轻轻对自己说："吸气。"然后，轻轻说："呼气"。【停顿15秒】

若你感受到意识已经游离，稍微留心一下是什么分散了你的注意力。是房间里的声音，还是你身体的感受？略微关注一下你的意识游离到哪里去了。试着给正在发生的事情起个名字。例如，如果你听到了声音，轻轻地对自己说"声音"，而不去探究是什么发出了声音，以免让自己的意识游走得更远。

好了，我们仔细听听现在房间里的声音，很近和很远的声音。每当你听到声音，不管是什么声音，轻轻对自己说出它的名字："声音。"现在，我们安静地听一会儿。每当你听到声音时，轻轻对自己说出它的名称："声音。"然后，回到我们的呼吸上：吸气，呼气；吸气，呼气。【一个长停顿】

记住，每当你听到声音，不需要追问那到底是什么声音，只轻轻对自己说出它的名字："声音。"然后，回到呼吸上来：吸气，呼气；吸气，呼气。

好的,现在关注你的呼吸,留心当下你的脑海中有什么想法,又有什么感受,轻轻地问自己:我现在的感受如何?【停顿10秒】我在关注身体的某个部位吗?【停顿20秒】我能注意到自己的意识在游离吗?【停顿20秒】

一旦你意识到自己游离在呼吸之外,就为自己正在做的事情起个名字,然后把意识带回来,带到呼吸上来。吸气,呼气;吸气,呼气。

当我们意识到脑海中某个想法和感受时,给这个想法和感受起个名字。对自己说出来,比如"幻想""思考",然后回到呼吸上来:吸气,呼气;吸气,呼气。【停顿20秒】

现在,注意到你正坐着的椅子,注意你的脚在地板上,轻轻地移动手指和脚趾,然后慢慢睁开眼睛。你现在感受如何?

刚才我们就是在做"静观"练习。其实不需要闭眼,我们也可以"静观"很多事。"静观"意味着你把全部注意力真正地集中在当下的每一件事情上。在生活中,我们也可以体验这种感觉,比如试试用"静观"的方法来刷牙或洗脸。

感谢你和我共度这段时光。

★听完音乐之后的回顾

与孩子一起探讨和回顾刚才的练习：

你的感觉如何？

你感觉到意识游走了吗？它们是怎样的状态？

你把注意力集中在身体的哪个部位了？

把意识带回到呼吸上，难做到吗？（用0~10分来评分，0表示很容易，10表示很难）

总结或者提出别的想法。

现在拿出"回顾笔记"，告诉孩子这本特别的笔记本能够帮忙记住今天所学到的东西。你可以说：

让我们把今天所学的内容通过绘画的形式记录下来。可以画下或写下这次"安静时光"里我们最喜欢的部分。

讨论可以让我们专注的其他方法，或我们需要在日常生活中专注做的事情。你可以问孩子："什么时候我们需要如此专注呢？"他可能会说："比赛。"

最后，以摇铃或敲钟的形式来结束本次活动。重申规则：请保持沉默。你开始摇铃或敲钟，然后停止。当孩子听不到铃声或钟声时，举手示意，活动结束。

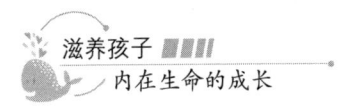

感谢孩子与你共度这段特别时光。

敲响铃铛/钟。

★ 延伸到日常生活中

涂色对这个年龄段的孩子非常有帮助,它可以起到安抚和镇静的作用。可以尝试着让孩子做一些涂色的活动,培养他们的专注力。

一起散步也是培养专注力的方法。父母和孩子一起安静散步,只关注那些味道、声音和看到的风景。刚开始在大自然中散步,可以通过寻找某样东西来帮助孩子集中注意力。根据季节不同,你们可以寻找蜘蛛和瓢虫等。在散步时保持安静,努力和孩子一起沉浸在和自然相处的世界里。你们也可以在城市的街道上漫步,寻找某种颜色的建筑物,或指定数字的车牌。谁先找到了,可以用手指指出,而不是讲出来。在这个过程中,你们一直安静地散步。

把青春期当成一次特别的机会,让家庭生活慢下来,为孩子举办家庭聚会,这将有助于孩子参与到家庭生活中来。找机会为孩子举办小型庆祝仪式,比如进入中学或高中等等,让孩子从容地分享他在这个阶段的所感所想,你也可以表达自己对他的存在的感激。

让孩子自己选择愿意和你一起做的事，比如去一个你们都喜欢的餐厅或地方，你只要根据孩子的想法来就好了。

你可以为孩子买一个雪花水晶球。建议他摇动球，想象水晶球里纷扬的雪花就是自己的思绪。通过仔细观察每一片雪花落下来的过程来训练自己的专注力，感受自己思维清晰，心如止水。

在平时相处中，我们总会有很多烦心事，这让我们无法真正一起享受一段好时光。在孩子下一次跑来向你讲述他一天的经历，或他正专注于某件事，或坐在你附近时，请将这些当成一份生活的礼物：停下来，停在当下，你可以感受到孩子的真我所在。

★故事分享

虽然这个年龄段的孩子不再喜欢和父母一起阅读，但是共读一些适合的、可以传达和本书相同理念的图书，也能让你和孩子重温亲子共读的温馨。一起读书，并大声读出来的感受无可替代。这种形式能让人感到平静、惬意和备受鼓舞，一起读一本好书，也是一次很好的亲子关系共建与分享的机会。

以下是专门为这个年龄段的孩子甄选的书单，其中有不少绘本，看起来它们似乎更适合年龄小一点的孩子阅读，但不

滋养孩子
内在生命的成长

要为自己设限，这些书不但适合你的孩子读，甚至也适合你读。

《通往拉萨的路》（*All the Way to Lhasa*），作者是芭芭拉·海伦·伯格，讲述一个小男孩和他的牦牛经过千难万险，坚持不懈地到达心目中神圣的拉萨的故事。

《洞穴》（*Holes*），作者是路易斯·萨查，讲述了一个关于坚持、友谊和家庭的故事，这本书在青少年中颇受欢迎。故事中包含了诅咒、预言和救赎等因素。

《快乐的噪音：两种声音的诗》（*Joyful Noise: Poems for Two Voices*），作者是保罗·弗莱彻曼和艾瑞克·贝当斯。这是一本"昆虫世界指南"，你们可以大声地阅读，创造出独特的亲子二重奏。

《神奇的收费亭》（*The Phantom Tollbooth*），由朱尔斯·费弗绘画，主要讲一个叫米罗的小男孩通过一个玩具收费亭进入充满奇幻的数字王国，其中对生命意义简单还是复杂的探讨引人深思。

《三个问题：从列夫·托尔斯泰的小说中来》，作者是乔恩·玛斯。这本书充满挑战，探讨了列夫·托尔斯泰的三个哲学问题：什么时候才是最佳行动时间？谁是最重要的人？做什么事情才是正确的？在探讨过程中，这本书也对生命进行了深刻的思考。

《威斯利王国》，作者是保罗·弗莱彻曼和绘本画家凯文·霍克斯。本书赞颂那些保持独立个性的人，正如主人公威斯利一样，他通过建造自己的王国获得了同龄人的认同和尊重。

第六章
准备好让孩子带领我们走进新生活

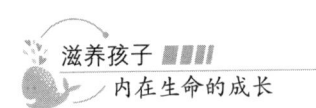

如果世界各地的孩子都能掌握书中的练习，这对他们来说将是珍贵的礼物。他们将不仅可以处理日常的情绪困扰，更能在身处压力之下快速恢复。这些好处远比改善健康和提高学习能力更为深远，因为它们是为更充实、更幸福的人生而准备的。

孩子从成人那里学到的构建内在力量和心理弹性的情绪课程将是持久而有力的。如果父母经常忽视孩子的感受，那他就会认为自己不重要。如果因为表达了情绪而多次受到惩罚和威胁，那他就会觉得这种表达是危险的，情绪需要被隐藏，这就为未来埋下了抑郁和暴躁的种子。如果父母没有告诉孩子，除了表示愤怒或选择破坏之外，还有更恰当的表达和管理情绪的方法，孩子就会越来越为所欲为地发脾气或攻击别人。

一项关于亲子关系和交往模式的研究表明，父母可以培养一种能促进儿童情绪健康成长的亲子关系。研究者约翰·高特曼[①]指出:"父母充当孩子的情绪教练有助于孩子情绪成长,这意味着家长善于借用发生有害情绪的机会帮助孩子建设性地应对问题。比如在孩子经历失望或与人产生争执时,父母可以与他探索这种感受的本质,并用积极的态度正视这些情绪。你可以鼓励孩子用一些句子来表达情绪,如'我觉得很伤心''这真让我生气'等,而非以行为去发泄情绪。孩子需要在可以悉心照顾他们的成人的协助下,充分探索自己的情绪地图。"

定期为孩子创造一段"安静时光"

定期为孩子创造一个安静时段,能够帮助他们从童年安全过渡为成人。

如果孩子能够学会安静和放慢脚步,那么他就拥有了宝贵的机会去探索更深刻的人生问题,如"我生活的独特意义是什么?"或"如何能最大限度发挥我的天赋和价值?"

只有更深入地探索思考及更关注自我的想法,我们才有机会意识和觉察到自己的信仰、念头和感受到底是什么。但是,人们通常没有时间来进行这样的思考。我们总是周而复始、

[①] 参见 J. 高特曼,《养育孩子的核心:培养高情商的孩子》,1997。

不假思索地生活着，却没有关注所经历的事件背后更深层的含义。

有一个叫劳拉·帕克·瑞登的家长和家里三个孩子实践了我们提供的练习方法，她的反馈是："这些方法不会有立竿见影的效果，但是每次在我觉得徒劳无功的时候，就会获得大大的惊喜。"有一次，劳拉和 5 岁大的儿子艾利一起遭遇大堵车，她显得很焦虑。这时，坐在后座的艾利提醒："呼吸，妈妈，关注你的呼吸。"随后，她和艾利开始保持同步呼吸，就像在每天睡前的"安静时光"一样。艾利总能显现出他内在生命的力量，在爷爷去世几个月后，他仿佛走出了忧伤，一次在和妈妈的"安静时光"中，他打破平静，若有所思地说："妈妈，我觉得天堂就在我心里。"

"亲爱的，你为什么这么想呢？"劳拉问。

"因为爷爷既在天堂，此刻也在我心里。"

如果我们的孩子能像艾利一样成长，在一个不断鼓励和探索内在生命的环境下成长，他们也更容易形成健康、充满希望和乐观的性格。能够进行自省和自我平复的孩子更有能力认识、觉察和管理自己的情绪。他们更加专注，思维也更为清晰。这样，压力就不容易引发他们的反社会行为。他们可以在任何情况下都显得专注、有热忱和充满兴趣，有积极的情绪反馈，这也有助于他们发挥其他潜能。

例如，当孩子在做"平静意识"练习时，他们在关注自己的情绪、思想和感受的波动的同时，也在开发自己对生活每时每刻的感知力。在感觉焦虑或者不确定时，如果能先通过练习让自己平静下来，管理好自己的情绪的话，孩子也能更好地理解自己为什么焦虑、压力源是什么，从而摆脱"压力反应"恶性循环模式。如果他们意识到感觉焦虑时身体哪个部位会不舒服，他们就可以用意识让自己放松那个部位，然后在探讨压力源的同时进一步解决问题，或让自感觉舒服些。

父母采用这样的方式与孩子一起实践时，也需要深入地了解一些儿童发展和教育学的研究。

大多数儿童发展理论都集中在儿童性格发展及情绪、智力开发领域，很少关注内在生命及直觉体验方面。然而，如果没有探索内在生命，我们又如何给予孩子这些技能呢？许多人想要帮助孩子探索人生深层含义，自己却没有先探索出自己的内在生命来。父母对精神上的探索的引领不单单是给孩子一张地图，更要让自己的内在生命先流动起来，再引领孩子一起探索。

让孩子能专注地做自己，了解自己的优势才是父母留给孩子的真正珍贵的财产。如果我们的孩子学会尊重沉默，学会反思自我，并能坚持不懈，那这种思维方式和生活方式就能让他们受益终生。每天进行这样的练习，享受"心灵时刻"

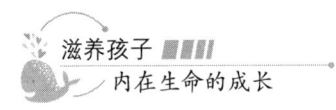

滋养孩子 内在生命的成长

可以成为终生习惯。

就个人经验来说，我是在20岁左右在母亲的提议下开始和她一起进行冥想练习的，从1971年开始，我养成了每天都花一些时间来平复自己、进行冥想的习惯。如果没有母亲的倡议，我不敢相信我能拥有如此开放的意识。学习这些技能对我的生活是重大突破，这个习惯一直延续至今，它为我的内心提供了强大的源泉，支撑我从挫折和失败中振作起来。

越来越多有远见的教育者和家长开始关注这个领域，并带领儿童进行冥想训练。2002年，我们在纽约教授"平静意识"的练习时并没有获得多少支持。如今，不仅是美国，而且世界各地的人们都在努力将冥想练习引入学校。大家意识到这种专注力训练可以成为孩子有效的工具，并帮助他们提高生命的质量。

我们不必把这些方式归于宗教，也不必担心孩子会过分沉溺。教给孩子一些简单的自我平复的方法，只是关注他们内在成长的一种教育方式，同时又让他们学会尊重万物和他人的信仰。我们探讨的是鼓励心灵和精神层面的方法，这有助于孩子们创建健康和积极的人生。

举一个例子，苏珊·索东老师所管理的二年级全班学生不仅仅知道安静的重要性，也知道什么时候需要保持安静。有一天，在上完我们的课程后，苏珊希望孩子们能集中注意力，他们太吵了，但是接下来的练习又需要集中注意力。因此，苏珊说："我想听到一根针落地的声音。"孩子们领会了她的意思，并且这种提示方法有效地保持了一年。以后，无论什么时候，因为太吵或者太忙而没办法集中注意力时，班上就会有孩子说："我需要听到一根针落地的声音。"班里就会保持1分钟的安静。孩子们会以敲钟来开始和结束这个活动，然后继续做别的事情。

  苏珊告诉我，实际上她自己从来不用铃铛，而是用沙锤来让孩子们集中注意力。这个特殊的声音意味着"内心平和"，孩子们也会用沉默和安静来回应。有一天，校长助理顺道去班里参观，一个孩子提议说："让我们送给瑞吉娜女士一份内心平静的礼物。"所有的孩子都明白这个礼物的含义，于是当一个孩子敲钟时，大家开始沉默1分钟。他们把大人所教的方法融会贯通，并想出更多运用方式。例如，在面对一个喜欢争辩但无法控制自我情绪的孩子时，他们首先会让自己进行腹式呼吸，平静情绪，然后再耐心地回应那个孩子。他们也会用"观点采择"法（即站在对方的立场来看问题的方法）来平静情绪。如果他们没有掌握自我平复的方法，就没有办法进行"观点采择"。因此，平静意识是获取其他方法的基础。

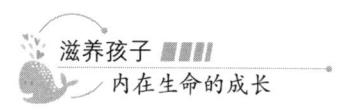

我们拥有的机会

在前进的路上，无论孑然一身还是相伴而行，我们都将面临这样的问题：我们所学的知识和进步最终是服务于邪恶、毁坏和道德沦丧，还是服务于善意、变革和希望？父母养育孩子的方式将会对孩子未来的选择产生极其重要的影响。

即便我们已经在技术领域和脑科学领域取得了卓越的进步，但我们依然挣扎于挽救年轻一代的路上，因为社会让他们在成长过程中有无价值和无意义之感。

因此，多花些时间来想想身边每一个孩子，作为家长或者老师的你需要理解他们就是我们生命的一部分。扪心自问，我们的职责到底是什么？我们对孩子的期待是什么？基于不同孩子的特定需求、优势及挑战，我们会有很多答案。

然而，能否成功地实现愿望，取决于他们是否具备强大的内心力量，可以面对每天的挑战，以及生活中可能出现的严峻考验。他们是否有能力将人生中遭遇的种种阻碍看成是机会？他们是否可以超越自身能力，从挫折中恢复并跨越这些藩篱？

如何成功地滋养孩子的内在生命和力量？作为成年人，我们需要让孩子打开心灵，启发我们以更合宜的方式帮助他们。

原子能物理领域的先驱 J.罗伯特·奥本海默曾经说："在马路上玩耍的孩子能解决物理领域最尖端的问题，因为他们具备感知力和直觉，这些都是我在很早之前就已失去的能力。"探索、发明和创造，这些对于孩子来说都更为简单。他们也对生命最基本的问题更为好奇。大人的任务在于保护他们内在生命的完整性，避免这种完整性遭受破坏。

我的朋友马丁·布鲁克在他的文章《拉柯达的遗嘱》中描写道：一个美国老人趴在地上与一个小孩玩耍。他的亲戚说："爷爷，你怎么像小孩一样在地上爬？"他回答说："我老了，马上就快去灵魂的世界了。这个孩子非常小，他刚从这个世界过来。我想趴下来看看能从这个神圣的生命中学到什么。"

通过带领孩子进行冥想练习，并将某些关键的情商训练方法带入更深的层次——这是目前研究的新焦点。自我觉察将"探索自我"这一研究带入一个新深度，情绪管理成为自律的前提，共情成为帮助、关心和同情他人的基础。所有这些基本生活技能都是培养良好性格的基石。

机会之窗已经向我们敞开：在家庭和学校生活中，采用新的方法提升精神追求和滋养内在生命，使之成为童年时代自然、不可或缺的一部分——这对孩子来说显得尤为重要。培养孩子的情商，建立他们的内在生命，才能让他们在这个纷繁复杂的世界里找到平衡和安宁，避免被边缘化和排斥。培

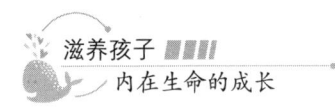

滋养孩子
内在生命的成长

养孩子的同理心、洞察力和责任心,才能让他们在这个充满了情感、社会、政治和精神困境的时代中更好地生存下来。正如圣雄甘地的名言:"我们必须从孩子开始改变。"

我们给下一代遗留了一大堆问题:种族、贫穷、恐怖主义和自然破坏等,想起这些,我真的无法想象,如果没有强大的内心,孩子们未来将如何去应对这些问题。让我们每个人都行动起来,确保没有一个孩子被遗忘;让我们的学校和周围充满人性的光芒。这也是我毕生的愿望。

最后,我想与读者一起分享这段写给孩子的祈祷词,它由我的朋友兼导师安吉拉·安瑞恩创作,正是她滋养了我的内在生命:

为孩子祈祷

愿你拥有充满力量的爱,也拥有充满爱的力量;
愿你一如既往地爱着家人、朋友和同事。
仔细聆听你内心的声音和他人的内心。
愿你有勇气去追寻梦想。
每天用实际行动去追梦,以你的爱的本真和正直。
愿你有力量战胜恐惧和骄傲,
遵循你的内心和对你意义非凡的事。
愿你坚守真理,保留美好,保持创造力,保持微笑。
愿你爱护、关心大自然和旷野。

愿你尊重别人，不分种族和年龄，让所有生命保持尊严。

愿你成为周邻积极的、忠诚的和向上的一分子，为鳏寡孤独者创造一个更美好的世界。

愿你珍视并保持你的健康和他人的健康。

愿你尊重人类不同的精神追求方式。

愿你为创造一个追求和平、没有暴力的地球而努力。

愿你坚持学习、提问、探索、发现，永葆好奇心与希望。

愿你尊重多样性，因为这份美好和神奇远超一个人的想象。

愿你毫不犹豫、毫无保留地让生命与天赋一起前行。

愿你敬重你的前辈和那些逝者，

因为他们铺设的路才引领我们到达于此。[1]

希望越来越多的成年人能给孩子提供"内在装备"，让他们拥有生命的弹性和不屈不折的精神。正如1944年安妮·富兰克在《安妮日记》[2]中所写的："我充满了勇气，我能感受到自己的强大，即使经历挫折，我依旧能感受自由和年轻！当

---

[1] 参见琳达·兰提尔瑞编辑的《灵魂教学：抚慰孩子和老师的内在力量》，波士顿：贝肯出版社，2001年。
[2] 参见安妮·富兰克著的《安妮日记》，纽约：班塔姆出版社，1993年。

我第一次意识到这点时，我是如此高兴，因为我知道，即使遭遇不可预知的不幸，我也不会被轻易击垮。"

期待我们人人能竭尽所能，为孩子提供人生所需，让他们带领我们进入新世纪。

关于作者

琳达·兰提尔瑞（Linda Lantieri）

琳达·兰提尔瑞是一名富布赖特学者①、心理教育主讲人、国际知名情商学专家、冲突与危机处理专家，拥有超过40年的一线教育经验，现任美国纽约亨特大学教师、美国"抗逆力研究会"（The Inner Resilience Program）负责人、美国"促进社会情绪能力学习合作组织"（CASEL）联合创始人。多年来，她也创立或联合创立了多个心理研究和咨询项目组织，并对世界范围内超过400所学校进行过广泛的学术调查研究。她曾合作出版了《为校园的平和而战》（Waging Peace in Our Schools）、编辑出版了《灵魂教学：抚慰孩子和老师的内在力量》（Schools with Spirit: Nurturing the Inner Lives of Children and Teachers）。

丹尼尔·戈尔曼（Daniel Goleman）

哈佛大学心理学博士，现为美国科学促进协会（AAAS）

---

① 詹姆斯·威廉·富布赖特（生于1905年），美国参议员，于1946年提出《富布赖特法案》，确立了美国与外国的学者和学生到对方国家交流进修的方案。富布赖特项目始建于1946年，是美国在全球范围内开展的大规模国际合作交流项目，旨在通过教育和文化交流来促进国家间的相互了解。迄今为止已有来自140多个国家的25.5万人参与过此项目。参与这一项目的学者被称为富布赖特学者。

研究员，曾四度荣获美国心理协会（APA）最高荣誉奖项，20世纪80年代即获得心理学终身成就奖。戈尔曼博士曾在《纽约时报》任职几年，负责大脑与行为科学方面的报道，他的文章散见全球各主流媒体，并曾两次获得普利策奖提名。其畅销著作有：《情商1：为什么情商比智商更重要》《情商2：影响你一生的社交情商》《情商3：影响你一生的工作情商》《情商4：决定你一生高度的领导情商》。